LA PARADOJA

LA

JAMES C.
HUNTER

PARADOJA

UN RELATO SOBRE LA VERDADERA ESENCIA DEL LIDERAZGO

Edición revisada y ampliada

EMPRESA ACTIVA

Argentina – Chile – Colombia – España
Estados Unidos – México – Perú – Uruguay

Título original: *The Servant*
Editor original: Crown, an Imprint of Random House,
a division of Penguin Random House, LLC.
Traducción: Rocío Martínez Ranedo

1.ª edición: septiembre 2024

Copyright © 1996, 2012 by James C. Hunter
All Rights Reserved
© 2013, 2024 by Urano World Spain, S.A.U.
© de la traducción 2019 *by* Rocío Martínez Ranedo
Plaza de los Reyes Magos, 8, piso 1.º C y D – 28007 Madrid
www.empresaactiva.com
www.edicionesurano.com

ISBN: 978-84-16997-98-5
E-ISBN: 978-84-17545-27-7
Depósito legal: M-16.598-2024

Fotocomposición: Urano World Spain, S.A.U.
Impreso por: Romanyà Valls, S.A. – Verdaguer, 1 – 08786 Capellades (Barcelona)

Impreso en España – *Printed in Spain*

A la gloria de Dios

Índice

Agradecimientos

Por supuesto, este libro no habría sido posible sin la ayuda de una serie de gente. Vayan mis más sinceros agradecimientos:

- a mi primer mentor empresarial, Phil Hoffman, que me enseñó que ser el jefe no está reñido con ser un caballero;
- a mis socios y a mis clientes, que me han dado valiosas lecciones a lo largo de estos años, y muy especialmente a Kevin Alder, Ed Danner, Russ Ebeid, Greg Goodman, Mike Hipsher, Mike Panther y George Treglown;
- a los autores Tony Campolo y M. Scott Peck por su capacidad para articular algunas de las grandes verdades de la vida;
- a Debra Venzke y a Steve Martin de Prima, por sus conocimientos y por la asistencia prestada en el proceso de edición de este libro, y a Paula Munier Lee, por su orientación y, muy especialmente, por su capacidad de ver la importancia del tema que presenta este libro;
- a Simeón, monje y bibliotecario de la abadía de St. Meinrad, en St. Meinrad, Indiana, por ponerme al tanto de las «ataduras» de la vida monástica;
- a mis editores y a mis incondicionales, entre otros a Eric Bacon, Phyllis y Jack Hunter (mis padres), Karen y Mark Jolley, Pam y Mickey Krieger, Elizabeth Morin, Karen y Bill Rajki, Colleen y Craig Ramquist, John Riley, Patty y Scott Simonson, y muy especialmente a Theresa y John Vella, cuyas ideas y ánimos me fueron de una utilidad incalculable;

- a mi preciosa hija Rachael, que se encuentra en la terrible etapa de los dos años y ha sido literalmente una bendición inefable para mí; y por último
- a mi socia por excelencia en esta vida, Denise, por su amor y por su compromiso (sobre todo en esos momentos en que no soy una compañía demasiado grata), en este viaje que hacemos juntos en pos del crecimiento espiritual. Te quiero, cariño.

Prólogo a la edición de 2012

Me ha sorprendido a la vez que me ha turbado el impacto que ha causado *La paradoja* desde que entregué el manuscrito para su publicación hará quince años.

Si entonces alguien me hubiera comentado que esta sencilla historia se iba a convertir en un éxito de ventas internacional, con más de tres millones y medio de ejemplares vendidos, no excluyo que le hubiera preguntado si estaba bajo los efectos de una droga.

Mi sorpresa reside (en parte) en el hecho de que los principios sobre los que se sustenta el liderazgo de servicio son tan básicos, son nociones de sentido común evidentes. Porque vamos a ver —seamos honestos—, estas ideas no son mías. Los principios en cuestión han estado en circulación durante muchos siglos. (¡Lo admito, soy un ladrón, robo todo sobre lo que escribo y hablo!). No hay nada nuevo bajo el sol.

Una de las muchas razones por las que escribí el libro fue que sentí que había encontrado una manera singular de presentar el material, de modo que los lectores pudieran entender con facilidad estas verdades simples y, sin embargo, profundas.

Los principios son tan básicos que experimenté mucha angustia después de someter el manuscrito a la consideración de varias editoriales. Temía que su reacción fuera: «¿Será posible? Qué tal si nos cuenta algo que aún no sepamos».

Hubo más sorpresas.

Antes de escribir *La paradoja,* trabajaba por cuenta propia como consultor de relaciones laborales. Prestaba mis servicios, principalmente, a empresas ubicadas en el sureste de Michigan, cuna del movimiento sindical norteamericano y, sin lugar a dudas, uno de los más duros ruedos laborales del mundo.

Trabajar y vivir en ese mundo me llevó a preguntarme sobre los riesgos inherentes de incluir en un libro sobre temática empresarial temas que algunos considerarían pamplinas o chorradas y otros motivos de controversia. Tal y como ahora puede ser arriesgado hablar sobre temas políticamente incorrectos como la fe, la vida monástica, el desprendimiento, la humildad, tener en cuenta las necesidades de los demás (incluso por encima de las propias necesidades), Jesucristo, y, sí, hasta el amor.

Temía que si empezaba a hablar ante audiencias de gente del mundo de los negocios y empresarial sobre el amor o los recursos humanos, el público podría empezar a arder por combustión espontánea gritando, desaforadamente: «¡Señor Hunter, estamos intentando erradicar el acoso sexual del edificio! ¿Le parece que viene a cuento hablar del amor?» Casi podía oír a los asistentes lamentándose (como Tina Turner) «¿Y qué tiene que ver el amor?»

Afrontémoslo: si escribes libros de empresa o diriges seminarios sobre negocios en los que hablas sobre el amor y mencionas a Jesucristo, es probable que pierdas algunos lectores y clientes, incluso quizá muchos. Por poco me desanimé por completo. Pasé semanas dándole vueltas a si mantener las cosas en el terreno superficial y convencional, para no molestar ni ofender a nadie (y también para no tirarme piedras sobre mi tejado).

Al final opté por incluir estos temas arriesgados por una razón muy simple. Sencillamente, no sería honesto, desde el punto de vista intelectual, al hablar del liderazgo de servicio si dejaba fuera conceptos como el amor, la humildad y el desprendimiento.

¿Por qué? Porque los más importantes líderes de la historia con vocación de servicio hablaron de estas cosas. Jesucristo, Gandhi, la Madre Teresa, Martin Luther King. Incluso entrenadores deportivos legendarios como Vince Lombardi y John Wooden y figuras estelares del mundo empresarial como Jack Welch y Max De Pree a menudo han hablado del amor. Herb Kelleher, que fundó Southwest Airlines sobre los principios básicos del liderazgo de servicio, utilizó durante muchos años el eslogan publicitario: «La aerolínea que el amor construyó». Aún hoy, el código de las acciones de esta exitosa aerolínea en la Bolsa de Nueva York es LUV.

Así que me lancé a la piscina y escribí esta sencilla historia sobre la auténtica esencia del liderazgo incorporando los temas comentados. La escritura fluía sin pausa y me llevó seis semanas escribir el libro. (Para situar las cosas en perspectiva: ¡me tomó seis años escribir mi segundo libro, y con el tercero llevo ocho años y aún no sé cuándo voy a terminarlo!).

Cuando publiqué *La paradoja* en 1998 estaba convencido de que, si el libro triunfaba de alguna manera, la audiencia principal serían organizaciones cristianas de beneficencia. También me había resignado a que, si a raíz de la publicación del libro me ofrecían dar conferencias o requerían mi asesoramiento, pasaría mucho tiempo en el mundo de estas organizaciones.

Estaba equivocado.

Una de las mayores ironías de mi vida es que paso el 98 por ciento de mi tiempo pronunciando conferencias o dando asesoramiento a grupos seglares, entre los que se incluyen empresas, las fuerzas armadas de Estados Unidos, hospitales, instituciones de enseñanza, y muchas otras organizaciones tanto con ánimo de lucro como no lucrativas. Sólo en contadas ocasiones me dirijo a grupos cristianos.

Al principio esto me desconcertó.

Creo que ahora lo entiendo.

El mundo está cambiando a pasos agigantados

Se atribuye a Victor Hugo el famoso juicio: «No hay nada más poderoso que una idea cuyo tiempo ha llegado».

El concepto del liderazgo de servicio estuvo en circulación durante varios miles de años antes de que ganara cierta aceptación en los círculos empresariales norteamericanos, algo que sucedió a principios de la década de 1970. Los primeros 25 años fueron un período de crecimiento limitado en el movimiento del liderazgo de servicio, pero a partir de los últimos 15 años hemos sido testigos de un cambio capital en las nociones sobre liderazgo y de una explosión en el interés en él. Por poner un ejemplo: cuando en 1998 hice una búsqueda en Amazon.com del término «liderazgo de servicio», había ocho títulos listados y la mayoría estaban agotados. Ahora el número de títulos suma 4.600 y crece rápidamente.

Otro ejemplo de este cambio lo tenemos en las actitudes de los jóvenes de hoy en día respecto a las posturas sobre el liderazgo. Los jóvenes no reaccionan bien al viejo estilo de liderazgo «ordeno y controlo». Lo dicen los resultados de las encuestas, que señalan que el 70 por ciento de la generación del «milenio» (los nacidos después de 1980) que renunciaron voluntariamente a su empleo no lo hicieron por la organización sino por sus jefes.

Las organizaciones están aprendiendo rápido (muchas pagando un alto costo) que los estilos de dirección del pasado sencillamente ya no inspiran ni ejercen influencia en el proceder de las nuevas generaciones de trabajadores. Las organizaciones están aprendiendo que no basta con formar a nuevos gerentes, y que éstos tienen que cambiar su enfoque sobre el trabajo y tomar medidas para formar a grandes líderes (más sobre esta diferencia dentro de poco).

Este fenómeno de cambio y rebelión en contra del mal liderazgo no sólo está sucediendo en Estados Unidos. En muchas otras partes del mundo se están produciendo cambios inmensos sin precedentes. La gente se rebela contra los liderazgos dictatoriales y corruptos. Como muestra, los acontecimientos en Rusia y África, o el fenómeno de la «Primavera Árabe» en Oriente Próximo.

Un gran ejemplo del desarrollo del movimiento del liderazgo de servicio nos lo brinda Brasil, país que se está consolidando como una de las más importantes economías de mayor alto crecimiento. Brasil es el quinto país más grande del mundo tanto por el número de su población (193 millones de habitantes) como su extensión geográfica (aproximadamente el tamaño del territorio continental de Estados Unidos), y ocupa el sexto lugar por producto interior bruto. Brasil posee una inmensa masa de recursos naturales propios no explotada; sin embargo, aún es un país comparativamente pobre en términos financieros. Un país asolado por liderazgos corruptos durante siglos. Sólo en fecha reciente (1985) se libró de una dictadura militar.

En el año 2005, *La paradoja* (rebautizada *O Monje e o Executive*, traducción al portugués de *El monje y el ejecutivo*) se publicó en Brasil. Y desde entonces se ha mantenido en la lista de los diez libros más vendidos hasta la fecha. En mi primer viaje a Brasil en el año 2005 (ahora ya he regresado más de veinte veces para hablar sobre el liderazgo de servicio) se vendían 60.000 ejemplares al mes de *La paradoja*. (Para situar esta cifra en un contexto, de *El Código Da Vinci*, el libro que entonces ocupaba el segundo lugar en Brasil, se vendían menos de la mitad de ejemplares). A día de hoy, en ese país se han vendido alrededor de 3 millones de ejemplares. Y de mi segundo libro, que trata sobre las formas de poner en práctica el liderazgo de servicio, se ha vendido medio millón de ejemplares.

En Estados Unidos, estas cifras de ventas situarían a *La paradoja* como uno de los libros de temas empresariales más vendidos de todos los tiempos. Sin embargo, estamos hablando de Brasil, un país relativamente pobre, que ocupa el puesto 76 a nivel mundial en ingresos per cápita y que, ciertamente, no es un país conocido por la venta de libros.

No menciono estas cifras para alardear, sino para demostrar el cambio dramático que está ocurriendo en el mundo. (Puedo asegurarlo, nadie se quedó más asombrado que yo por este éxito. ¿De veras estamos hablando de Brasil?).

El liderazgo de servicio es algo sencillo

Cuando hablo ante una audiencia, digo a los asistentes: «¡Hoy no vais a aprender nada de mí! Todo lo que tenéis que saber sobre liderazgo ya lo sabéis. Todo se resume en una sencilla regla que aprendisteis hace mucho tiempo. Y esta sencilla regla dice que hay que tratar a los demás como queremos que nos traten a nosotros. Es la Regla Dorada. Ya sabes, sé el jefe que desearías tener, el padre que desearías que tu padre hubiera sido, el vecino que desearías tener. No estoy aquí para enseñaros algo. Estoy aquí para que recordéis».

Uno podría pensar que el liderazgo es un asunto complicado con la interminable cantidad de libros que hay que leer, y los seminarios a los que hay que asistir. No es cierto. Enseño liderazgo a Boy Scouts y Girl Scouts adolescentes, así como a chicos que asisten a la escuela dominical, y captan sin dificultad los principios. Es más, en general les divierte lo sencillo que es el liderazgo.

Sencillo no quiere decir simple.

El liderazgo es influencia

Mis treinta y tres años de experiencia trabajando con, literalmente, cientos de organizaciones y miles de gerentes, supervisores y ejecutivos, me han convencido de que la palabra *liderazgo* es mal comprendida. Y la expresión *liderazgo de servicio* lo es aún más.

Empezaré por definir la forma como yo entiendo ambos términos. Primero *liderazgo* y a continuación *servicio*.

Permitidme que insista en que liderazgo no es sinónimo de dirección empresarial. La dirección empresarial se ocupa de cosas como la planeación, presupuestos, organización, la táctica o la estrategia. Puedes ser un gran director de empresa pero un líder detestable. He conocido a muchos directores muy bien capacitados que eran líderes espantosos. Y también he conocido a algunos grandes líderes que eran pésimos directores de empresa. He conocido a muchos directores capaces de resolver problemas o de cuadrar balances, pero que, sin embargo, eran incapaces de conducir a dos personas a la fuente de agua si sus vidas dependieran de ello. Y permitidme que sea muy claro: si nadie te sigue, por descontado que no estás liderando.

Jamás nadie acusó a Winston Churchill o a Ronald Reagan de ser buenos directores. Pero sabían cómo inspirar a la gente, e influenciarla, para que actuaran. Lo que quedó patente con el liderazgo de Churchill durante los duros años de la Segunda Guerra Mundial. O durante el liderazgo de Reagan tras la desazón de la década de 1970. Ninguno era particularmente un buen director, pero sabían cómo inspirar e influenciar a la gente. Esta es la esencia del liderazgo.

Dirigir es lo que haces; el liderazgo es la persona que eres y la influencia y el impacto que ejerces sobre la gente que está en contacto contigo. Dirección no es sinónimo de liderazgo. El liderazgo es sinónimo de influencia.

Ken Blanchard, autor de *El ejecutivo al minuto*, ha sido uno de los gurús del liderazgo en Estados Unidos durante las últimas cuatro décadas. Resume su experiencia del liderazgo con un enunciado simple: «El liderazgo es un proceso de influir». John Maxwell, autor de más de sesenta libros sobre liderazgo, sintetiza su experiencia en esta frase: «El liderazgo es influencia, nada más ni nada menos».

Todos somos líderes pues todos ejercemos influencia sobre otras personas todos los días, para bien o para mal. Razón por la cual no tienes que ser jefe para ser un líder. Muchos de los más importantes líderes con vocación de servicio que he conocido no necesariamente ocupan posiciones en la cúspide ejecutiva de sus organizaciones. Herb Kelleher solía decir que los líderes más importantes de Southwest Airlines era el personal de cabina, los asistentes de vuelo, pues influían sobre miles de clientes todos los días. Clientes con los que él jamás estaría en contacto.

Las grandes organizaciones se caracterizan por ser un grupo de *todos* los líderes. Y en ellas todo el mundo asume la responsabilidad personal por el éxito del equipo y su influencia individual sobre el cliente y sobre sus compañeros. Son, pues, un grupo de líderes, cada uno con diferentes *responsabilidades*. Son un lugar donde todo el mundo está comprometido. No al 50 por ciento sino al 100 por ciento. Quienquiera que haya dicho que el matrimonio es un asunto 50/50, probablemente no ha estado casado mucho tiempo.

En las grandes organizaciones que visito ya no se preguntan: «¿Quién es el líder aquí?» Esa es una pregunta del siglo pasado. La pregunta ya no es «¿Eres un líder?» Sino, «¿Eres eficaz?»

La prueba final del liderazgo es: cuando te marchas, ¿dejas las cosas mejor que cuando las encontraste? ¿Ascenderán tus empleados y el desarrollo de su carrera será mejor, tendrán incluso una mejor vida por haber compartido unas cuantas temporadas contigo? ¿Se han formado y crecido a resultas de tu influencia? ¿Estarán tus hijos preparados cuando se marchen de casa? ¿Serán padres, vecinos, esposos y maestros eficaces? ¿Has hecho el trabajo que debías como padre? Y tú, ¿has hecho el que te corresponde como madre?

El liderazgo es influir. Es la huella que dejamos en otras personas, y la que dejamos en las organizaciones en las que participamos.

Todos dejamos una huella.

La pregunta clave es: ¿se sentirá contenta la gente de tu paso por su vida?

¿Qué es un líder con vocación de servicio?

Ser un líder con vocación de servicio significa sencillamente ser capaz de identificar y satisfacer las necesidades legítimas de las personas puestas a tu cargo. Satisfacer sus necesidades, no sus deseos. Implica también no ser su esclavo. Y quizá lo que necesitan no es lo que desean. Lo que tus hijos o tus empleados necesitan quizá sea un poco diferente de lo que anhelan.

Por lo tanto, si ocupas una posición de liderazgo, es preciso que confecciones una lista de las necesidades de la gente. Y si te atascas, sólo hazte una simple pregunta. ¿Qué necesito? Eso te pondrá sobre la senda del buen camino. (¿Recuerdas la Regla Dorada?).

¿Cuál es la diferencia entre un deseo y una necesidad? Cuando se formula un deseo no se tienen en cuenta las consecuencias o en qué desembocará la elección. «Papá, quiero quedarme en la fiesta hasta las tres de la mañana». O «Jefe, hoy quiero tener dos horas a mediodía para comer».

Pero el líder siempre ha de sentirse concernido con las consecuencias de comportamientos de este tipo. «Hijo, me preocupa lo que pueda pasar a tan altas horas de la madrugada». O «Me preocupa lo que pensarán el resto de los empleados si te tomas dos horas a mediodía para comer».

Por lo tanto, una necesidad es una demanda legítima física o psicológica para el bienestar de un individuo.

¿Qué necesitan realmente las personas?

Agua, comida y un lugar donde vivir son, por supuesto, las necesidades básicas. Pero la gente tiene también necesidades de índole mayor. Como la necesidad de sentirse apreciada, respetada, valorada, animada y la de ser escuchada. Las personas también necesitan asumir responsabilidades y condiciones saludables para vivir, reglas de convivencia y ejercer con honestidad su trabajo. La retroalimentación es una profunda necesidad humana.

Corresponde a los líderes con vocación de servicio identificar las necesidades legítimas de las personas puestas a su cargo y satisfacerlas. En esto reside el secreto del liderazgo.

Cuando identificas y satisfaces las legítimas necesidades de los demás, puedes influir en ellos. Es la Ley de la Cosecha: cosechas lo que siembras. Cuando siembras servicio y sacrificio al identificar y satisfacer las demandas cosecharás influencia.

Y la influencia es la esencia del liderazgo.

En el año 2001 Jim Collins publicó *Empresas que sobresalen*, uno de los superventas punteros de todos los tiempos. En este libro encontramos la prueba empírica del liderazgo de servicio. El autor recorrió el planeta en busca de las mejores organizaciones que fueran capaces de lograr la excelencia y mantenerla durante un largo período de tiempo. Una vez que las encontró estudió a sus líderes y quedó sorprendido con lo que encontró. Esperaba encontrar líderes que rompían los moldes tradicionales, carismáticos, egotistas, como el general Patton o Julio César. Pero no fue eso lo que encontró. Los datos eran irrefutables.

Collins encontró dos cualidades en todos los grandes líderes. La primera es la humildad, descrita como «centrarse en los demás»; es decir, en su gente. La segunda cualidad era una fuerte voluntad profesional de hacer lo correcto por su gente y por la organización. (Contamos con una palabra que describe esta cualidad; *carácter*).

Al inicio del libro, Collins dice que su equipo debatió sobre llamar a estos humildes, de voluntad firme y, sin embargo, abnegados líderes «líderes con vocación de servicio», pero optó por no hacerlo al temer que la gente se haría una idea equivocada si empleaban un término como «servicio». De ahí que el equipo se decidiera por el término Líder de nivel 5. Durante mis viajes me he enfrentado con la misma barrera. Cuando mencionas la palabra «servicio», el término puede conjurar algunas imágenes negativas en las mentes de muchos. Por ejemplo, «¿Significa que he de comportarme como un débil, poner patas arriba las jerarquías y ceder el control del manicomio a los locos? ¡Suena muy bien!»

Si he de describir a los grandes líderes con vocación de servicio que he conocido a lo largo de varias décadas, se me ocurre que una descripción más precisa de ellos sería que los grandes líderes muestran su afecto cuando sus colaboradores lo necesitan, pero también saben propinar una azotaina cuando el caso lo requiere.

Cuando es el momento de reconocer, honrar y valorar a las personas son los primeros en hacerlo. Cuando es el momento de que sus equipos obtengan resultados, exigen la excelencia y muestran poca tolerancia con la mediocridad. Han aprendido el secreto de hacer que las metas se alcancen al tiempo que construyen relaciones para el futuro.

El punto esencial de ser un líder con vocación de servicio es encontrar la equidistancia entre el afecto y la azotaina. La mayoría de los gerentes y directivos no lo logran.

Si todo el mundo está de acuerdo, ¿dónde está el problema?

Hasta aquí, ¿alguien no está de acuerdo?

Llevo cuatro décadas impartiendo conferencias sobre liderazgo y enseñando los principios del liderazgo con vocación de servicio a organizaciones del mundo entero. Lo hago unas 75 o 100 veces al año. Durante todos estos años de enseñanza, jamás nadie en ninguna parte del mundo ha alzado su mano para manifestar que no estaba de acuerdo con los principios del liderazgo de servicio.

De veras, por favor, Sergio, dime, ¿en qué estás en desacuerdo?

En *La paradoja*, el hermano (monje) y maestro Simeón revela a los estudiantes que el liderazgo, el carácter y el amor son sinónimos. Explica que la definición con dos mil años de antigüedad de amor que se lee en millones de bodas todos los años en el mundo entero es un verbo. Les demuestra que el amor es paciencia, amabilidad, humildad, respeto, capacidad de perdonar, honestidad y compromiso.

¿Os podéis imaginar seguir a un líder que es impaciente, poco amable, arrogante, irrespetuoso, egoísta, rencoroso, deshonesto y que no está comprometido? Ese tipo de persona, ¿te inspiraría e influiría en ti para que actuaras? ¿Sería alguien a quien seguirías?

Una vez más, los principios del liderazgo de servicio contrastan de forma patente con el ejemplo anterior.

Durante los primeros años tras la publicación de *La paradoja*, recibí cartas de ejecutivos, gerentes y supervisores que planteaban la misma preocupación. Decían cosas como: «Señor Hunter, gracias por su excelente libro y los principios maravillosos que expone en él. (¿Quién puede no estar de acuerdo con ellos? Se trata de verdades como puños). Pero aquí está mi problema. Tengo diez supervisores locos por el orden y el control en plan Gestapo, así es que les pedí que leyeran su libro. A todos les gustó. Estuvieron de acuerdo con todo. ¡Pero siguen estando locos! ¿Cómo puedo hacer que cambien?»

Si todo el mundo está de acuerdo, ¿por qué no todos los líderes se comportan como saben que tienen que comportarse?

¿Dónde están todos los líderes con vocación de servicio?

En la pregunta está el meollo del problema.

El liderazgo es una habilidad

Los años de experiencia en el campo de la formación y la enseñanza me han demostrado que conseguir que la gente esté de acuerdo con los principios del liderazgo de servicio es una tarea fácil. Pero lograr que la gente cambie e incorpore los principios es harina de otro costal. El reto mayor consiste en cómo desplazar los principios de la cabeza al corazón hasta convertirlos en un hábito.

El camino de la cabeza al hábito puede ser largo.

La parte que la mayoría de las personas no alcanza a captar es que el liderazgo es una habilidad, aprendida o adquirida. No es algo con lo que se nace. Jamás he conocido a un crío de dos años que presentara las cualidades de un líder con vocación de servicio. ¿Conoces a algún niño de dos años tan lleno de gratitud, aprecio y buena voluntad como para ocupar un plano secundario, que insista en que los demás satisfagan sus necesidades por encima de las suyas? ¿Has visto alguna vez a un crío de dos años que se pasee por la casa preguntando «¿Puedo ayudar en algo?». «¿A quién puedo ayudar?»

En Estados Unidos, todos los años, las organizaciones gastan miles de millones de dólares en cursos para desarrollar el liderazgo. Y la mayoría de las veces se trata de un dispendio de tiempo y dinero. Reconozco que yo soy cómplice y, por lo tanto, parte culpable en este asunto, pues solía impartir un gran número de cursos sobre liderazgo en la creencia errónea de que la gente iba a cambiar después de asistir a un seminario, mirar una demostración con PowerPoint o tras leer un libro.

Convertirse en un líder eficaz es análogo a llegar a ser un músico o atleta destacado. ¿Alguien ha aprendido a nadar leyendo un libro? ¿Alguien se ha convertido en un pianista destacado estudiando la historia del instrumento? ¿Sabes de alguna persona que se haya convertido en un gran golfista mirando los DVD de Tiger Woods? Como cualquier habilidad, el liderazgo tiene que ser practicado con regularidad para que se desarrolle y facilitar el auténtico cambio.

A lo largo de los años he conocido muchas personas que tienen toda la información disponible sobre el liderazgo, pero que no saben qué es el liderazgo. Es el mismo caso del *crack* de salón que se pasa el fin de semana viendo el fútbol en la televisión y vocifera y critica a jugadores y entrenadores. Este as de pacotilla cree saberlo todo sobre el fútbol, pero es probable que en su vida haya puesto un pie en un campo de fútbol. La verdad es que dispone de toda la información sobre el balompié, pero no sabe qué es el balompié.

Sólo un porcentaje muy pequeño de gente es capaz de llevar a cabo cambios sustanciales después de asistir a seminarios sobre liderazgo, o de leer libros sobre el tema. Hay un mundo de diferencia entre tener toda la información sobre algo y saber realmente qué es ese algo. Puedes aprender *sobre* el liderazgo leyendo libros y asistiendo a seminarios, pero nunca *sabrás* qué es el liderazgo sólo con leer y asistir a seminarios.

Piensa en las cualidades de un gran líder: humildad, respeto, autocontrol, honestidad, compromiso, determinación, gratitud y habilidades comunicativas. ¿Alguien puede creer que uno desarrolla esas cualidades del *carácter* leyendo libros, asistiendo a seminarios o viendo DVD?

El desarrollo del liderazgo y el desarrollo del carácter son la misma cosa

El liderazgo no tiene que ver con el estilo o la personalidad.

Si pones en duda esta afirmación, basta con que pases revista a grandes líderes de la historia que se caracterizan por estilos muy diferentes: John Wooden y Bobby Knight; el general Patton y el general Eisenhower; Martin Luther King Jr. y Billy Graham; Jack Welch y Mary Kay; Abraham Lincoln y Ronald Reagan. Todos los citados tienen estilos totalmente diferentes; sin embargo, todos fueron líderes eficaces.

Según mi esposa (la psicóloga), nuestra personalidad ya está bien definida a los seis años, y puede ser fácilmente catalogada en menos de una hora mediante un test Meyers-Briggs. El cociente de inteligencia queda establecido a los quince. Pero no el carácter, de ahí el término *madurez*.

El liderazgo tiene poco que ver con el estilo (personalidad) y todo con la sustancia (carácter).

El general Norman Schwarzkopf (una leyenda en el Ejército norteamericano) afirma sin ambages: «El noventa y nueve por ciento de los fallos de liderazgo son fallos de carácter». Warren Bennis, de USC, durante décadas uno de los gurús del liderazgo en Estados Unidos, declara: «El liderazgo es el carácter en acción».

Me llevó muchos años comprender que el liderazgo y el carácter son la misma cosa.

¿Qué es el carácter? Es la persona que eres cuando nadie te está viendo. El carácter es hacer lo correcto, ganar las batallas en tu corazón y en tu mente entre lo que quieres hacer y lo que debes hacer.

El carácter es tener la madurez moral para hacer lo correcto, incluso si te cuesta algo; *especialmente* si te cuesta algo, pues no estoy seguro de que algo pueda ser una manifestación del carácter a menos que te cueste algo.

¿Y acaso no es el liderazgo sencillamente hacer lo correcto por la gente confiada a tu cuidado? Lo correcto es tener autocontrol, ser amable, humilde, mostrar aprecio, escuchar, ser respetuoso, satisfacer las necesidades (ser desprendido), mostrar clemencia, ser honesto y comprometido. El carácter es hacer lo correcto. El liderazgo es hacer lo correcto. El liderazgo es simplemente el carácter en acción.

Si quieres mejorar tus habilidades de liderazgo, debes mejorar tus habilidades de carácter. Y ese es el obstáculo que debes vencer. Desarrollar nuevos hábitos de carácter y desechar los viejos requiere tiempo y un importante esfuerzo. Implica que tenemos que comportarnos de forma nueva. Significa que tenemos que cambiar.

No hay atajos.

Desarrollo del carácter

A menudo les pregunto a las personas presentes en mis conferencias o seminarios: «¿Cuántos de vosotros creéis en la mejora continua?» Como es de esperar, virtualmente, todas las manos se alzan. Luego pregunto: «¿Podéis mejorar si no cambiáis?» Entre los asistentes algunas cabezas niegan cuando cito una definición común de la locura: «continuar haciendo lo que siempre has hecho y esperar resultados distintos».

«Así que —continuo— hoy me estáis diciendo que estáis listos y dispuestos a crecer y cambiar. ¿Correcto?» La mayoría de las personas «mentirán» sin reparo asintiendo con la cabeza.

Cambiar es la parte difícil. Aparte de los bebés que han mojado el pañal, ¿a quién en realidad le gustan los cambios? Cambiar no es fácil, pero puede lograrse y lo están haciendo muchos grandes líderes que conozco.

Estos días paso casi dos tercios de mi tiempo haciendo lo que llamo «Predicando el Sermón». Esto es, presentando los principios del liderazgo de servicio a mis audiencias. Dedico el tercio restante a trabajar con organizaciones y personas ayudándolas a que incorporen estos principios en su cotidianidad. La clave es que la gente ponga en práctica los nuevos comportamientos incluso si tienen que fingirlos.

Todos los hábitos (buenos o malos) se desarrollan, prediciblemente, en cuatro etapas. Y desarrollar las habilidades del carácter/liderazgo no es una excepción.

1. Inconsciente/inexperto: La persona no es consciente del hábito y, por lo tanto, es inexperta.
2. Consciente/inexperto: La persona es consciente del hábito pero no lo domina. Esta es la etapa «desmañada» que hay que pulir.
3. Consciente/experto: La persona es consciente y empieza a ser experto.
4. Inconsciente/experto: Ahora forma parte de la cotidianidad de la persona. Ya no necesita tratar de ser un buen líder. *Es* un buen líder.

La clave del asunto es la acción y que la gente ponga en práctica nuevos comportamientos y complete las cuatro etapas del desarrollo de un hábito.

Tres pasos para desarrollar el carácter / habilidades de liderazgo. Las Tres Efes

¿Cuáles son, pues, los pasos que hay que seguir para llegar a ser un líder con vocación de servicio?

Cuando trabajo con personas u organizaciones para ayudarles a implementar las habilidades del liderazgo con vocación de servicio, los guio por un proceso de tres pasos, al que me refiero como Las Tres Efes: Fundamentos, Feedback (retroalimentación) y Fricción.

Fundamentos

«Defina el estándar» del mejor liderazgo. ¿Qué es lo que desea cambiar y en qué desea convertirse? ¿Cuáles son los principios con los que está comprometido? ¿En qué puede creer realmente?

Para completar este paso, el entrenamiento en los principios del liderazgo de servicio es esencial y puede realizarse en cuatro horas o menos. También puedes hacerlo mediante libros, CD y DVD.

Ten en cuenta, sin embargo, que esta es la parte fácil (aceptar los principios). El entrenamiento (no lo olvides) es sólo el primer paso.

Feedback (retroalimentación)

«Identifique los puntos de falla» existentes entre donde se encuentra ahora y entre donde necesita estar para ser un líder eficaz. Hay diversas maneras de obtener claridad sobre esos puntos de falla (áreas de oportunidades). La más obvia es preguntar a las personas que dependen de tu liderazgo. Existen algunas grandes herramientas de feedback 360 grados que te ayudan a descubrir con claridad los puntos de falla. (En los apéndices de mi segundo libro, *Las claves de la paradoja*, incluyo un inventario de habilidades para el liderazgo y para la autoevaluación, así como para la retroalimentación de los colegas, subordinados, superiores y otras personas importantes en tu vida).

Por favor, no asumas que conoces a la perfección tus puntos de falla. Según mi experiencia, alrededor de un tercio de las personas tienen un buen conocimiento de sus puntos de falla, otro tercio tiene una idea aproximada con algunos puntos ciegos, y el último tercio lo ignora todo de sus puntos de falla. (No significa que eres una mala persona si no estás seguro de tus puntos de falla. Recuerda que sus patrones de conducta han sido hábitos durante muchas décadas).

La clave es obtener buena información para que no tengas que estar cambiando cosas que no es necesario cambiar. Has de estar seguro de que te rascas donde te pica.

Fricción

«Elimine los puntos de falla» existentes entre donde se encuentra ahora y entre donde necesita estar. Una vez que tenemos identificados los puntos de falla, pedimos a los participantes que describan detalladamente un mínimo de dos metas específicas y medibles relacionadas con el punto de falla.

A continuación viene la parte radical. Pedimos al equipo que comparta sus resultados entre sus miembros (a este proceso le llamamos la «sesión abierta de kimono»). Crear esta fricción es esencial para que la gente afronte con seriedad el cambio y eleve sus expectativas.

El empleo del feedback 360 grados no es algo nuevo y casi dos tercios de las empresas norteamericanas utilizan algún componente de esta herramienta. El problema es que muy pocas organizaciones crean la fricción necesaria (o «tensión sana», si lo prefieres) que se requiere para que la gente se concentre y adquiera la disciplina para comportarse de formas nuevas y para hacer cambios sustanciales. Es también un gran medio para cimentar las relaciones con el equipo, pues cuando las personas comparten a este nivel profundizan las relaciones entre sí.

Vince Lombardi, el finado gran entrenador del equipo de fútbol americano Green Bay Packers, solía decirles a sus equipos: «Caballeros, buscaremos alcanzar la perfección sin darnos un respiro, aunque sabemos perfectamente que no la alcanzaremos, pues nada es perfecto. Pero vamos a buscarla sin pausa, pues en el proceso alcanzaremos la excelencia».

Nunca podremos llegar a ser el perfecto líder con vocación de servicio (si piensas que lo has conseguido es el momento de una cura de humildad). La meta de cualquier aspirante a líder (ya sea gerente, padre, esposo, entrenador o maestro) no debe ser la perfección sino la mejora continua. Cada tantos meses debería poder decir: «No estoy donde quiero estar, pero soy mejor de lo que era».

Mantén la bola en movimiento con cambios y progresos continuos. Con el tiempo, te encontrarás en un lugar completamente diferente.

En resumen, estoy convencido de que el éxito de *La paradoja* es sencillamente el resultado de una profunda hambre (necesidad) experimentada por millones de personas en el mundo contemporáneo. Y de que estos millones de personas no sólo desean tener mejores líderes que las guíen, sino que también desean llegar a ser mejores líderes ellas mismas en el desempeño de sus papeles en casa o en el trabajo.

La buena noticia es que ahora le ha llegado el momento a la antiquísima idea del liderazgo con vocación de servicio. La buena noticia es que los principios sobre los que se sustenta son aceptados universalmente (al menos desde el punto de vista intelectual). La buena noticia es que contamos con la tecnología para ayudar a las personas a incorporar estos principios en sus vidas.

La mala noticia es que ser un líder eficaz es una habilidad que requiere compromiso, disciplina y la predisposición al cambio. Ninguna varita mágica nos proporciona todo lo anterior.

Pero las personas pueden cambiar y lo hacen. De hecho, creo que una de las auténticas cosas extraordinarias sobre los seres humanos es que son capaces de elegir entre cosas distintas y realmente cambian.

Y de forma dramática.

Desde hace más de veinte años he trabajado con más de 2.200 personas en el desarrollo de las habilidades del liderazgo con vocación de servicio. Y me consta que un gran número de estas personas fueron capaces de realizar cambios significativos y duraderos en sus vidas.

Puedo afirmar que ver a la gente cambiar es una cosa bella e inspiradora.

Por mi experiencia personal puedo decir que he experimentado cambios significativos en mi vida, y los sigo experimentando. Después de tantos años enseñando y escribiendo sobre liderazgo con vocación de servicio, puedo asegurar que aún no estoy donde necesito estar como líder con vocación de servicio. (Mi esposa, a quien conozco desde la escuela primaria, estará de acuerdo con la anterior afirmación).

No estoy donde necesito estar, pero estoy mejor de lo que lo estaba. (Seguramente mi esposa también estará de acuerdo con lo que acabo de decir).

Ruego por que la información contenida en este libro pueda inspirarte e influenciarte para que actúes. Elige mantenerte en movimiento y creciendo. Como les gusta decir a los granjeros norteamericanos: «O bien estás verde y creciendo, o bien estás maduro y pudriéndote». Elige qué quieres ser, pues ningún ser viviente permanece invariable. Aunque pienses que eres la persona del año pasado, el mundo se mueve a tal velocidad que por definición siempre estamos un paso atrás.

Como dijo Gandhi: «Sé el cambio que quieres ver en el mundo».

Mis mejores deseos para tu viaje hacia el liderazgo con vocación de servicio.

JIM HUNTER
Mayo 2012

Prólogo

Las ideas que defiendo no son mías. Las tomé prestadas
de Sócrates, se las birlé a Chesterfield, se las robé a Jesús.
Y si no os gustan sus ideas, ¿las de quién hubierais
preferido utilizar?

DALE CARNEGIE

La decisión de ir fue mía; no se puede culpar a nadie más.

Cuando me paro a reconsiderarlo, me resulta casi imposible pensar que yo, el atareado director de una importante instalación industrial, dejara la fábrica abandonada a su suerte para pasar una semana en un monasterio al norte de Michigan. Sí, así como suena: un monasterio. Un monasterio completo, con sus monjes, sus cinco servicios religiosos diarios, sus cánticos, sus liturgias, su comunión y sus alojamientos comunes; no faltaba detalle.

Quiero que quede claro que me resistí como gato panza arriba. Pero, finalmente, la decisión de ir fue mía.

«Simeón» es un nombre que me ha perseguido desde que nací. Me bautizaron en la parroquia luterana de mi barrio y, en la partida de bautismo, podía leerse que los versículos escogidos para la ceremonia eran del capítulo segundo del Evangelio de Lucas y hablaban de un tal Simeón. Según Lucas, Simeón era un «hombre justo y piadoso y el Espíritu Santo estaba sobre él». Al parecer había tenido una inspiración sobre la llegada inminente del

Mesías; aquello era un lío que nunca llegué a entender. Ése fue mi primer encuentro con Simeón, pero desde luego no había de ser el último.

Me confirmaron en la iglesia luterana al concluir el octavo grado. El pastor había escogido un versículo para cada uno de nosotros y, cuando me llegó el turno en la ceremonia, leyó en voz alta el mismo pasaje de Lucas sobre el personaje de Simeón. Recuerdo que en aquel momento pensé: «Qué coincidencia más curiosa...».

Poco tiempo después —y durante los veinticinco años siguientes—, empecé a tener un sueño recurrente, que acabó causándome terror. En el sueño, es ya muy entrada la noche, yo estoy absolutamente perdido en un cementerio y corro para salvar mi vida. Aunque no puedo ver lo que me persigue, sé que es maligno, algo que quiere hacerme mucho daño. De repente, de detrás de un gran crucifijo de cemento sale frente a mí un hombre que lleva un hábito negro con capucha. Cuando me estampo contra él, este hombre viejísimo me coge por los hombros y, mirándome atentamente a los ojos, me grita: «¡Encuentra a Simeón, encuentra a Simeón y escúchale!». Llegado a ese punto del sueño me despertaba siempre bañado en sudor frío.

La guinda fue que el día de mi boda, el sacerdote, en su breve homilía, se refirió al mismo personaje bíblico: Simeón. Me quedé tan estupefacto que me hice un lío al decir los votos y pasé bastante mal rato.

Nunca estuve muy seguro de si todas aquellas «coincidencias con Simeón» tendrían algún sentido, de si significarían algo. Rachael, mi mujer, siempre ha estado convencida de que sí.

A finales de los años noventa, según todas las apariencias, mi vida era un éxito absoluto.

Trabajaba para una empresa de producción de vidrio plano, de categoría internacional, en la que ocupaba el puesto de director general de una fábrica de más de quinientos empleados, con unas cifras de facturación por encima de los cien millones de dólares al año. En la época en que me promocionaron al puesto, yo era el director general más joven en toda la historia de la compañía, hecho que todavía hoy me enorgullece. La empresa funcionaba de manera muy descentralizada y eso me concedía una gran autonomía, que yo apreciaba mucho. Además, tenía un sueldo considerable, que incluía una cantidad significativa de dólares en primas sujeta a la consecución de objetivos determinados y evaluables en la fábrica.

Rachael, que es mi bella esposa desde hace dieciocho años, y yo nos conocimos cuando estudiábamos en la Universidad de Valparaíso en el norte de Indiana, donde yo me gradué en Empresariales y ella se licenció en Psicología. Deseábamos con locura tener hijos, pero tuvimos que luchar contra la esterilidad durante varios años. Nos sometimos a todo tipo de tratamientos de fecundación, inyecciones, pruebas, exploraciones, punciones, acupuntura, todo lo habido y por haber… sin ningún resultado. El problema resultaba especialmente doloroso para Rachael, pero nunca desesperó de tener hijos. Con frecuencia, cuando me despertaba por la noche, la oía rezar en voz baja pidiendo un hijo.

Más adelante, por una serie de circunstancias poco usuales pero maravillosas, adoptamos un niño recién nacido. Le llamamos John (por mí), y se convirtió para todos en nuestro niño «milagro». Dos años más tarde, Rachael se quedó embarazada cuando ya nadie lo esperaba, y nació nuestro segundo «milagro»: Sarah.

John hijo, que hoy tiene catorce años, acababa de entrar en noveno grado, Sarah había empezado séptimo. Desde el día en que adoptamos a John, Rachael había reducido sus prácticas de terapia a un solo día a la semana, ya que pensamos que, a ser posible, era importante que pudiera dedicarse al hogar a tiempo completo. Además, ese día le daba un pequeño respiro en su «rutina diaria de mami», amén de permitirle mantenerse profesionalmente activa. Estábamos encantados de poder bandear esta situación desde el punto de vista económico.

Éramos propietarios (junto con el banco) de una casa muy agradable en la ribera noroeste del lago Erie, a unos cincuenta kilómetros al sur de Detroit. Teníamos una embarcación deportiva de nueve metros de eslora, que guardábamos al lado de la casa sobre el soporte adecuado (al lado de una moto acuática Sea-Doo); en el garaje había dos coches nuevos —sistema de *leasing*—; nos íbamos de vacaciones familiares como poco dos veces al año, y aún conseguíamos ahorrar una buena suma anual que quedaba en el banco para los estudios de los chicos y la jubilación.

Como decía, según todas las apariencias, mi vida era un éxito absoluto.

Pero, por supuesto, las cosas no siempre son lo que parecen. Lo cierto era que mi vida se estaba desmoronando. Rachael me había dicho un mes antes que llevaba algún tiempo sintiéndose infeliz en nuestro matrimonio e insistía en que las cosas no podían seguir así. Me dijo que no se estaba atendiendo a sus «necesidades». ¡Yo no daba crédito a lo que estaba oyendo! «Mira tú —pensé—, le doy todo lo que una mujer podría pedir, ¡y todavía me dice que no atiendo a sus necesidades! Pero ¿qué más necesidades puede tener?»

Con los chicos tampoco iban bien las cosas. John estaba cada vez más contestón y había llegado a llamar «bruja» a Rachael tres semanas antes. Yo me enfurecí tanto que casi le pegué y acabé por castigarle una semana sin salir después de aquel incidente. No había manera que obedeciera, desafiaba toda autoridad y llegó incluso a ponerse un pendiente en la oreja. De no ser por Rachael, le habría echado a patadas de casa. Mi trato con mi hijo John se había deteriorado hasta el punto de que nuestra comunicación se limitaba a algún que otro gesto o gruñido.

También mi relación con mi hija Sarah parecía ir de mal en peor. Siempre hemos tenido una unión muy especial y todavía se me humedecen los ojos cuando la recuerdo de niña. Pero parecía distante, e incluso un poco enfadada a veces conmigo, sin razones aparentes. Rachael me sugirió en muchas ocasiones que hablara con Sarah sobre mis sentimientos, pero al parecer yo nunca «tenía tiempo» o, para ser más sincero, no tenía valor para hacerlo.

Incluso en mi trabajo, que era la faceta de mi vida en la que el éxito parecía más asegurado, las cosas habían empezado a estropearse. En los últimos tiempos los empleados por horas de la fábrica habían estado haciendo campaña para conseguir una representación sindical. Los ánimos habían estado muy alterados durante las elecciones, pero afortunadamente la empresa consiguió ganar por cincuenta votos. Yo estaba encantado, pero a mi jefe le preocupaba el mero hecho de que hubieran tenido lugar las elecciones, y sugirió que estábamos ante un problema de dirección, que era responsabilidad mía. Yo no acababa de entender a qué se refería, porque estaba convencido de que el problema no era yo, sino los sindicalistas de la fábrica, ¡que siempre andan pidiendo más por menos! La directora de recursos humanos de la fábrica llegó incluso a sugerirme que reconsiderara mi estilo de liderazgo. Me llevé un buen varapalo… Pero, claro, ella era una chica liberal, sensible y concienciada, y, además, ¿qué sabía ella de llevar un negocio tan importante? Lo suyo eran las teorías; en cambio, lo que a mí me interesaba eran los resultados.

Hasta el equipo de béisbol Little League que yo llevaba entrenando seis años de forma voluntaria iba mal. Ganábamos más partidos de los indispensables y solíamos acabar con un puesto digno en la liga, pero varios padres se habían quejado al presidente de la liga porque decían que, sencillamente, los chicos ya no se lo pasaban bien. Yo era consciente de que a veces podía resultar un entrenador algo agobiante y competitivo, pero ¿y qué? Incluso hubo dos parejas que pidieron que cambiaran a sus hijos a otros equipos. Y eso fue un duro golpe para mi ego.

Pero todavía había más. Yo siempre había sido un tipo alegre, feliz y confiado, sin demasiadas preocupaciones, pero en aquella época me di cuenta de que me pasaba el día agobiándome por todo. A pesar de mi desahogada situación y de todos los juguetes materiales que poseía, en mi interior todo era conflicto y confusión. Vivir se convirtió en un fútil ejercicio de ir despachando obligaciones. Me estaba convirtiendo en un ser triste y taciturno. Cualquier inconveniente o molestia, por pequeño que fuera, me causaba una desazón totalmente desproporcionada respecto a la realidad. De hecho, era como si me fastidiara todo el mundo; ni yo mismo me aguantaba.

Por supuesto, era demasiado orgulloso para hacer partícipe a nadie de lo que me ocurría, así que me las arreglé para tenerlos a todos engañados; a todos menos a Rachael.

Sacando fuerzas de flaqueza, Rachael me instó a que hablara de todo ello con el pastor de nuestra parroquia. Acepté en un momento de debilidad, aunque fue más bien por quitarme a Rachael de encima. Hay que hacerse cargo de que yo nunca he sido del tipo religioso. Siempre había creído que la iglesia tenía su lugar, mientras no interfiriera demasiado con la vida de uno.

El pastor sugirió que pasara unos días solo y que intentara aclarar las cosas. Me recomendó un retiro en un pequeño monasterio cristiano no muy conocido, John of the Cross, emplazado a orillas del lago Michigan, cerca de la ciudad de Leeland, en el noroeste de la península de Michigan. El pastor explicó que el monasterio albergaba a unos treinta o cuarenta monjes de la orden de San Benito, célebre monje del siglo VI que concibió la vida monástica «equilibrada». Aún hoy, como hace catorce siglos, la vida de los monjes se ordena en torno a tres prioridades: oración, trabajo y silencio.

En términos generales aquello me pareció una bobada, algo que no estaba dispuesto a llevar adelante, pero, justo cuando me iba a marchar, el pastor mencionó que uno de los monjes, llamado

Leonard Hoffman, había figurado en su día en la lista de «los quinientos ejecutivos» que publica la revista *Fortune*. Eso sí que me llamó la atención. Siempre me había preguntado qué habría sido del legendario Len Hoffman.

Cuando llegué a casa y le conté a Rachael el consejo del pastor, me sonrió. «¡Justo lo que yo había pensado proponerte, John!», dijo. «Precisamente la semana pasada, en la tele, hablaron en *El show de Oprah* sobre hombres y mujeres de negocios que hacían retiros espirituales para tratar de ordenar sus atareadas vidas. Estás llamado a ir».

Rachael solía hacer con frecuencia comentarios de este tipo, que me irritaban extremadamente. «¿Llamado a ir?» ¿Cómo había que entender aquello?

En resumen: acepté a regañadientes ir al monasterio John of the Cross en la primera semana de octubre, más que nada porque tenía miedo de que Rachael me abandonara si no hacía algo. Mi esposa llevó el coche durante las seis horas de trayecto hasta el monasterio y yo estuve callado casi todo el viaje. Yo ponía mala cara para comunicar que no me sentía nada feliz de ir camino de un aburrido monasterio para pasar allí una semana entera y que sólo por ella me había resuelto a este gran sacrificio personal que tan infeliz me hacía. Lo de poner mala cara era un arma que había empleado desde mi más tierna infancia.

Llegamos a la entrada de John of the Cross al anochecer. Cogimos el camino con dos rodadas, subimos por la colina y bajamos en dirección al lago, que estaba a menos de quinientos metros. Dejamos el coche en un pequeño aparcamiento arenoso al lado de una antigua edificación de madera que ostentaba un letrero de «Recepción» clavado en uno de los altos pilares blancos del porche.

Diseminadas aquí y allá había unas cuantas construcciones más pequeñas, edificadas todas sobre un magnífico acantilado de piedra arenisca unos sesenta metros más arriba, dominando el lago Michigan. El paraje era muy bello, pero no hice mención de ello a Rachael. Después de todo, se suponía que yo sufría.

—Cuida de los chicos y de la casa, cariño —dije en un tono bastante frío mientras sacaba la bolsa del maletero—, ya te llamaré el miércoles por la noche. Quién sabe, ¡igual después de esta semana me convierto en el hombre perfecto que quieres que sea y lo dejo todo para hacerme fraile!

—Muy chistoso, John —respondió ella, al tiempo que me daba un beso y un abrazo. Dicho lo cual se metió en el coche y desapareció tras una nube de polvo.

Me eché la bolsa al hombro y me dirigí al edificio de recepción. Al entrar me encontré con una oficina amueblada con sencillez e inmaculadamente limpia, atendida por un hombre de mediana edad que hablaba por teléfono. Llevaba un hábito negro que le cubría de la barbilla a los pies, atado a la cintura por un cordón negro.

Nada más colgar el teléfono se volvió hacia mí y me dio un caluroso apretón de manos.

—Soy el padre Peter; me ocupo de la intendencia de la casa de huéspedes. Usted debe de ser John Daily, del sur del estado.

—Ha acertado usted, Peter. ¿Cómo lo ha sabido? —repliqué, firmemente decidido a no dirigirme a nadie llamándole «hermano».

—Lo supuse por la solicitud que nos envió su pastor —contestó, con una cálida sonrisa.

—¿Quién es aquí el responsable? —salió en mí el directivo.

—El hermano James nos ha servido como abad en los últimos veintidós años.

—¿Y puede saberse qué es eso de abad?

—El abad es el director que elegimos y tiene la última palabra sobre todo lo que afecta a nuestra pequeña comunidad. Tal vez tenga ocasión de conocerlo.

—Quisiera pedir una habitación individual, Peter, si no tiene inconveniente. Me he traído algo de trabajo y me vendría bien un poco de intimidad.

—Desgraciadamente, John, sólo disponemos de tres habitaciones para huéspedes en la planta de arriba. Esta semana entre nuestros huéspedes hay tres hombres y tres mujeres, así que las mujeres compartirán la habitación número uno, que es la más amplia. Nuestro huésped del ejército dispondrá de la número dos, y usted se alojará con Lee Buhr —un pastor baptista de Pewaukee, Wisconsin— en la habitación número tres. Lee ha llegado hace un par de horas y ya está instalado. ¿Tiene alguna otra pregunta?

—¿Cuáles son las festividades previstas para esta semana? —pregunté, con cierto sarcasmo.

—Además de nuestros cinco servicios religiosos diarios, tendremos siete días de clase que empiezan mañana por la mañana y acabarán el sábado por la mañana. Las clases tendrán lugar en este edificio de nueve a once por la mañana y de dos a cuatro por la tarde. En su tiempo libre puede pasearse por el monasterio, leer, estudiar, hablar con nuestros guías espirituales, descansar o hacer lo que le apetezca. La única zona reservada es la zona del claustro donde los monjes comen y duermen. ¿Hay algo más sobre lo que pueda informarle, John?

—Tengo una curiosidad, ¿por qué se refiere a algunos monjes como «hermanos» y a otros como «padres»?

—Llamamos «padre» a los clérigos que han recibido órdenes sagradas, mientras que los «hermanos» son seglares de toda condición. Todos nosotros nos hemos comprometido a trabajar y compartir nuestras vidas. Los treinta y tres padres y hermanos tienen aquí la misma categoría. El abad nos pone un nombre cuando tomamos los votos. Yo vine de un orfanato hace cuarenta años, y tras mi formación y mis votos se me asignó el nombre de Peter.

Finalmente, hice la pregunta que más me interesaba.

—Me gustaría conocer a Len Hoffman y charlar de algunas cosas con él. Tengo entendido que llegó hace algunos años a su pequeña comunidad.

—Len Hoffman, Len Hoffman... —repitió Peter escudriñando el techo, mientras hacía memoria—. Ah, sí, creo que ya sé a quién se refiere. También tiene otro nombre ahora. Estoy seguro de que le encantaría hablar con usted. Le pondré una nota en su casillero con su petición. A decir verdad, va a impartir el curso sobre liderazgo esta semana. Estoy seguro de que sacará gran provecho de sus clases, todo el mundo lo hace. Buenas noches, que descanse, John, y espero verle en el servicio de las cinco treinta, mañana por la mañana.

»Por cierto, John —siguió diciendo mientras yo subía la escalera—, hace diez años el abad le puso a Len Hoffman el nombre de hermano Simeón.

• • •

Me quedé pasmado en el rellano de la escalera y asomé la cabeza por la ventana abierta para aspirar unas bocanadas de aire fresco. Fuera, era ya casi noche cerrada y pude percibir el ruido de las olas del lago Michigan rompiendo allá abajo sobre la costa. Se oía el ulular de un fuerte viento que venía del este, y las hojas secas del otoño crujían en los grandes árboles; eran sonidos que, desde niño, me habían encantado. Pude distinguir el destello de los relámpagos sobre el gran lago oscuro, y sentir a lo lejos el retumbar de los truenos.

Tenía una extraña sensación, nada inquietante ni desagradable, era simplemente una impresión de *déjà vu*. «¿El hermano Simeón?», pensé. «Esto ya es más que raro».

Cerré la ventana y recorrí lentamente el corredor buscando mi habitación. Abrí con cuidado la puerta señalada con el número tres.

A la difusa y anaranjada luz de una lámpara de noche distinguí una pequeña pero acogedora habitación con dos camas gemelas, dos mesas y un pequeño sofá. Una puerta entreabierta mostraba el cuarto de baño adyacente. El pastor baptista se había dormido ya y roncaba suavemente, arrebujado en la cama del lado de la ventana.

De pronto me sentí muy cansado. Me desvestí rápidamente, me puse el pijama, ajusté el despertador a las cinco y me metí en la cama. Con el cansancio que tenía, dudaba mucho que pudiera estar listo para el servicio de las cinco treinta de la mañana, pero pensé que poner el despertador era un gesto de buena fe por mi parte.

Recosté mi cabeza sobre la almohada para dormirme, pero no podía dejar de darle vueltas a la cabeza: «¡Encuentra a Simeón y escúchale! ¿El hermano Simeón? ¿Habré dado por fin con él? ¿Qué extraña coincidencia es ésta? ¿Cómo me habré metido en este lío? Estás llamado a ir; cinco servicios religiosos al día, ¡yo, que a duras penas aguanto dos al mes! Pero ¿qué voy a hacer yo aquí una semana entera? Y mi sueño, ¿cómo será Simeón? ¿Qué será lo que tiene que decirme? Pero ¿qué hago yo aquí? ¡Encuentra a Simeón y escúchale!»

Mi siguiente recuerdo es que sonó el despertador.

CAPÍTULO UNO

Las definiciones

Lo de tener poder es como lo de ser una señora.
Si tienes que recordárselo a la gente, malo.

Margaret Thatcher

—Buenos días —me saludó mi compañero de habitación antes de que me diera tiempo a apagar el despertador—, soy el padre Lee, vengo de Wisconsin. ¿Con quién tengo el gusto…?

—John Daily, vengo del sur del estado. Encantado de conocerte, Lee. —A este tampoco le dije «padre».

—Más vale que nos vistamos si queremos llegar al servicio de las cinco treinta.

—Ve tú delante. Yo voy a quedarme un ratito más en la piltra —murmuré con voz cansada.

—A tu aire, socio —dijo Lee, guaseándose; no tardó ni dos minutos en vestirse y salir por la puerta.

Me di media vuelta y me tapé la cabeza con la almohada, pero pronto descubrí que estaba completamente despierto y que me sentía bastante culpable. Opté por no luchar contra ello, me arreglé rápidamente y salí a buscar la capilla. Todavía no había amanecido y el suelo estaba húmedo, debía de haber caído una tormenta durante la noche.

Apenas si podía distinguir la silueta del campanario a la luz del alba, de camino a la capilla. Una vez dentro, reparé en que la antigua estructura hexagonal de madera estaba perfectamente conservada. Las paredes estaban ricamente adornadas con vidrieras que representaban diferentes escenas. Las seis paredes convergían en el centro en un alto techo, al estilo de las catedrales, formando la aguja. Había cientos de cirios encendidos por todo el santuario, y las vacilantes sombras que bailaban en las paredes y las vidrieras formaban un interesante caleidoscopio de manchas y colores. Al otro extremo de la puerta de la iglesia se alzaba un sencillo altar compuesto por una pequeña mesa de madera con los objetos de la liturgia. Justo en frente del altar había tres hileras de bancos dispuestos en semicírculo, y en cada una once sencillos asientos de madera, donde obviamente se sentaban los treinta y tres monjes. Sólo uno de ellos tenía brazos, así como un gran crucifijo tallado en el respaldo; supuse que era el que correspondía al abad. Dispuestas a lo largo de una de las paredes adyacentes al altar había seis sillas plegables, que deduje rápidamente que estaban allí para los participantes del retiro. Me acerqué discretamente hasta una de las tres que quedaban libres y me senté.

Mi reloj marcaba las cinco y veinticinco, y sólo la mitad de los treinta y nueve asientos estaban ocupados. Nadie hablaba y, mientras la gente entraba en silencio a la capilla, sólo se oía el melódico tictac de un enorme reloj de caja en la esquina de atrás de la capilla. Los monjes llevaban sus largos sayales atados a la cintura con una cuerda; los participantes iban vestidos de *sport*. Hacia las cinco treinta, todos y cada uno de los asientos estaban ocupados.

De repente, la enorme campana a nuestras espaldas empezó a tocar la media. Inmediatamente los monjes se levantaron y empezaron con unos cantos litúrgicos, afortunadamente en inglés. A los participantes del retiro se nos había dado unas hojitas para seguirlos, pero pronto me hice un lío y me perdí entre tantos salmos, antífonas, himnos y respuestas cantadas. Finalmente desistí y me limité a sentarme y escuchar.

Recordé que nuestro párroco había dicho que los monjes practicaban los antiguos cantos gregorianos. El año anterior, Rachael había comprado un *compact* del popular *Cántico* (grabado por unos monjes españoles) y yo le había tomado mucha afición. Los cánticos aquellos eran parecidos, aunque la letra era en inglés.

Algunos de los monjes más jóvenes miraban de vez en cuando sus libros de himnos y sus misales, pero había otros muchos que no necesitaban ese tipo de ayuda, recitaban con soltura las distintas partes del complicado servicio que parecían saberse de memoria. Resultaba muy impresionante.

A los veinte minutos, más o menos, el servicio concluyó, tan repentinamente como había empezado, y los monjes salieron en fila detrás del abad por la parte trasera de la iglesia. Me fijé en cada una de las caras, intentando identificar a Len Hoffman. ¿Cuál de ellos sería?

• • •

Nada más acabar el servicio me dirigí a la pequeña biblioteca, que estaba cerca de la capilla. Quería hacer una búsqueda en Internet, y un monje de edad venerable, extremadamente servicial, me ayudó a conectarme.

Encontré más de mil referencias sobre Leonard Hoffman. Después de una hora de búsqueda di con un artículo de hacía diez años sobre Leonard Hoffman, publicado en *Fortune*, y empecé a leer fascinado.

En 1941 Len Hoffman obtuvo una diplomatura en Empresariales por el Lake Forest State College. Poco después, los japoneses atacaron Pearl Harbor, segando la vida de su mejor amigo de infancia; esto fue un golpe terrible para Hoffman y le llevó a unirse a los miles de muchachos que se alistaron en aquella época. Hoffman ingresó en la Armada como oficial y ascendió rápidamente a capitán de un torpedero cuya misión era patrullar islas en Filipinas.

En una misión de rutina se le ordenó que hiciera prisioneros a doce japoneses, incluidos tres oficiales, que se habían rendido tras una feroz batalla en una pequeña isla de la zona que Hoffman patrullaba. Las instrucciones eran ordenar a los oficiales japoneses y a sus hombres que se desnudaran antes de salir de la jungla en fila de uno, para ser esposados, cargados en el torpedero y transportados hasta un destructor que se encontraba a algunas millas de la costa. A pesar de la animadversión que Hoffman podía tener contra los japoneses, que habían matado a su amigo en Pearl Harbor, no exigió a los soldados ni a los oficiales que se desnudaran por no humillarlos. Les autorizó a salir de la jungla perfectamente uniformados, con las manos en alto, conducidos por un oficial dignamente subido a caballo.

Esta desobediencia le costó un pequeño chaparrón, pero no tuvo mayores consecuencias. El único comentario de Hoffman a propósito de este suceso fue: «Es importante tratar a otros seres humanos exactamente como desearías que ellos te trataran». Hoffman llegó a ser condecorado varias veces antes de abandonar la Armada cuando acabó la guerra.

Como hombre de negocios, decía el artículo, Hoffman fue un ejecutivo muy conocido y muy respetado, y su capacidad para dirigir y motivar a la gente llegó a ser legendaria en los círculos empresariales. Se le acabó conociendo como un genio del cambio, por su habilidad para coger empresas al borde del colapso y transformarlas en empresas saneadas y con futuro. Era también un autor consumado, gracias a un solo librillo de unas cien páginas titulado *La gran paradoja: para mandar hay que servir*, que se mantuvo tres años en la lista de best-sellers del *New York Times*, y cinco en la de best-sellers sobre dinero de la revista *USA Today*.

El mayor éxito de Hoffman en el área empresarial fue que consiguió resucitar una corporación gigantesca, la entonces moribunda Southeast Air. A pesar de una facturación anual de más de 5.000 millones de dólares, la Southeast era el hazmerreír de las compañías aéreas por su pésima calidad y servicio y por el desánimo de sus empleados. Muchos expertos financieros estaban convencidos de que la quiebra era inminente y la suspensión de pagos inevitable. La compañía había conseguido perder 1.500 millones de dólares en los cinco años anteriores a que Hoffman se hiciera cargo de ella como presidente ejecutivo.

Contra todo pronóstico, Hoffman consiguió reflotar la Southeast en sólo tres años. La satisfacción de los clientes creció a la par que la puntualidad de las llegadas, y llevó a la empresa, de los últimos puestos que ocupaba en el sector, a un sólido segundo lugar en todos los aspectos.

En el artículo entrevistaban a varias personas que habían trabajado o estaban trabajando para Hoffman, a colegas de la empresa y compañeros de armas, y a algunos amigos. Los había que hablaban sin reparos del afecto y el aprecio que le tenían. Algunos le consideraban un hombre profundamente espiritual aunque no particularmente religioso. Otros le consideraban un hombre de gran integridad, con rasgos de carácter muy evolucionados «que no son de este mundo». Todos hablaban de la alegría de vivir que parecía embargarle. El autor del artículo de *Fortune* llegaba incluso a insinuar que Len Hoffman parecía haber «dado con la clave para una vida afortunada» pero no daba más explicaciones.

El último artículo que encontré en Internet había sido publicado en *Fortune*, a finales de la década de 1980, y completaba el anterior. Al parecer, Hoffman, con sesenta y tantos años y en el cenit de su carrera, de pronto dimitió y desapareció. Su mujer había fallecido repentinamente de un aneurisma cerebral a los cuarenta años, un año antes de que él dimitiera, y muchos pensaron que fue este acontecimiento el que provocó la desaparición de Hoffman. El breve artículo concluía diciendo que la desaparición de Hoffman era un misterio, pero que corrían rumores sobre su adscripción a algún tipo de secta o culto secreto. Ninguno de sus cinco hijos, todos ya casados y con descendencia, había informado sobre su paradero; se habían limitado a decir que estaba feliz y con buena salud y que deseaba que se le dejara en paz.

Después de la misa de las siete treinta, tenía algo de frío y decidí volver a mi habitación para ponerme un jersey antes del desayuno. Al entrar, oí que alguien andaba en el minúsculo cuarto de aseo, así que grité:

—¿Cómo va todo, Lee?

—No soy Lee —me respondieron—. Estoy aquí intentando arreglar esta taza que pierde agua.

Asomé la cabeza en el cuarto de baño y me encontré con un monje ya mayor, a cuatro patas en su hábito negro, que trataba de ajustar una de las tuberías del váter con una llave inglesa. Se incorporó lentamente y me encontré frente a un hombre que le sacaba al menos medio palmo a mi metro ochenta. Se secó la mano con un trapo antes de dármela.

—Hola, soy el hermano Simeón. Encantado de conocerte, John.

Reconocí a un envejecido Len Hoffman por la foto de Internet, con la cara cruzada de arrugas, los pómulos bien dibujados, la nariz y la barbilla prominentes y el pelo blanco no muy corto. Parecía estar en plena forma, tenía las mejillas sonrosadas y un cuerpo fuerte y enjuto. Pero lo que más me sorprendió fueron sus ojos; unos ojos muy azules, de mirada limpia y penetrante. Nunca había mirado a otro par de ojos más compasivos y receptivos que aquellos. Simeón presentaba además una paradójica apariencia de juventud y ancianidad. Por sus canas y sus arrugas quedaba claro a primera vista que era un hombre mayor, pero sus ojos brillantes transmitían un espíritu y una energía que yo sólo había percibido en los niños.

Sentí que mi mano se perdía en su enorme y poderosa mano y me encontré de pronto mirándome los zapatos sin saber qué hacer. No era para menos, ahí estaba una leyenda viva de los negocios, un hombre que en el cenit de su carrera no ganaba menos de una cifra de siete números en dólares al año... ¡arreglándome la taza del váter!

—Hola, me llamo John Daily... es un placer conocerle, señor —me presenté humildemente.

—Ah, sí, John. El padre Peter mencionó que querías hablar conmigo en este...

—Sólo en el caso de que encuentre usted un momento, por supuesto. Entiendo que debe ser usted un hombre muy ocupado.

Me preguntó con verdadero interés:

—¿Cuándo quieres que nos reunamos, John? Podría tal vez sugerir...

—Si no es mucho pedir, señor, me gustaría poder pasar un rato todos los días con usted, mientras dure mi estancia. Tal vez pudiéramos desayunar juntos o algo así. Verá, últimamente no se me dan muy bien las cosas y creo que me vendrían bien algunos consejos. Además está también lo del sueño ese y algunas otras coincidencias bastante raras que querría contarle.

¡No podía dar crédito a mis propias palabras! Yo —Don Todo-lo-controlo, Don Compostura en persona—, ¿yo contándole a otro hombre que lo estaba pasando mal y que necesitaba consejos? Yo mismo me había dejado estupefacto, ¿o sería Simeón? No había pasado ni medio minuto en compañía de aquel hombre y ya había bajado la guardia.

—Déjame ver qué puedo hacer, John. Verás, los monjes comen juntos en la parte del claustro y necesitaría un permiso especial para reunirme contigo. Nuestro abad, el hermano James, suele ser muy razonable ante este tipo de demandas. Mientras consigo el permiso, ¿qué te parece si nos encontramos a las cinco de la mañana antes del primer servicio? Creo que tendríamos tiempo de...

—Estaría encantado —dije interrumpiéndole de nuevo, aunque lo de las cinco de la mañana me parecía más bien excesivo.

—Pero de momento tengo que acabar con esto si no quiero llegar tarde al desayuno. Te veo en clase a las nueve en punto.

—Nos vemos entonces allí, señor —dije, retrocediendo torpemente de espaldas hasta salir del baño. Agarré mi jersey y me dirigí a desayunar, pero me sentía algo aturdido.

Ese primer domingo por la mañana llegué a la sesión cinco minutos antes de la hora y me agradó ver el aula, de mediano tamaño, moderna y confortable. Había dos paredes cubiertas por unas estanterías soberbiamente talladas, un trabajo de ebanistería digno de un maestro artesano. En el lado oeste de la habitación, que daba al lago Michigan, había una impresionante chimenea de piedra, en la que ardían unos fragantes leños de abedul. El suelo estaba cubierto por una moqueta barata, pero bien cuidada, que contribuía al confort de la habitación. Había dos viejos sofás de aspecto confortable, un diván y un par de sillas de madera de respaldo duro (afortunadamente con cojines), todo ello dispuesto en círculo cerrado, de forma que era imposible decir cuál era la parte delantera de la clase.

Cuando llegué, el profesor, Simeón, se hallaba de pie mirando por la ventana hacia el lago, con aspecto de estar sumido en sus pensamientos. Los otros cinco participantes estaban ya sentados en el círculo y fui a sentarme en uno de los sofás al lado de mi compañero de habitación. Mi reloj sonó justo en el momento en que el gran reloj de la esquina daba las nueve. Apagué rápidamente la alarma al tiempo que Simeón cogía una de las sillas de madera y la acercaba a nuestro pequeño grupo.

—Buenos días. Soy el hermano Simeón. En los próximos siete días voy a tener el privilegio de compartir algunos de los principios del liderazgo que cambiaron mi vida. Quiero que sepáis que estoy impresionado por la sabiduría colectiva que hay reunida en esta habitación y que estoy ansioso por lo que puedo aprender de ella. Pensadlo bien. Si tuviéramos que echar la cuenta de los años de experiencia en el liderazgo reunidos en este círculo, ¿cuántos creéis que saldrían? Probablemente uno o dos siglos, ¿verdad? Así pues, vamos a aprender mucho unos de otros porque, de veras, para ser sincero, yo no tengo respuesta para todo. Pero estoy firmemente convencido de que entre todos sabemos mucho más de lo que puede saber uno solo, y entre todos vamos a conseguir hacer algunos progresos esta semana. ¿Estáis por la labor?

Todos asentimos educadamente con la cabeza, pero yo pensaba «sí, ¡seguro que Len Hoffman podría aprender mucho de mí en materia de liderazgo!».

El profesor nos pidió a los seis que nos presentáramos con una breve biografía y que diéramos las razones que nos habían llevado a asistir al retiro.

Mi compañero de habitación, el pastor Lee, fue el primero en presentarse, seguido por Greg, un sargento de instrucción del Ejército de los Estados Unidos bastante gallito. Theresa, una hispana, directora de una escuela pública del sur del estado fue la siguiente en hablar, y luego le tocó a Chris, una mujer de color alta y atractiva que era entrenadora del equipo femenino de baloncesto de la Universidad Estatal de Michigan. Antes de mi intervención se presentó una mujer llamada Kim, y empezó a contarnos algo sobre ella, pero no le presté atención. Estaba demasiado ocupado pensando en qué iba a decir sobre mí mismo cuando me llegara el turno.

Nada más acabar ella, el profesor me miró y dijo:

—John, antes de que empieces, quisiera pedirte que nos hicieras un resumen sobre las razones de Kim para asistir a este retiro.

Me quedé helado y me di cuenta de que me estaba poniendo como un tomate. ¿Cómo iba a salir de aquel atolladero? La verdad es que no había oído una sola palabra de la presentación de Kim.

—Lamento tener que confesar que no me he enterado mucho de lo que ha dicho —murmuré, con la cabeza gacha—. Te ruego que me disculpes, Kim.

—Gracias por ser tan sincero, John —respondió el profesor—. Escuchar es una de las capacidades más importantes que un líder puede decidir desarrollar. Vamos a dedicar bastante tiempo a hablar del tema esta semana.

—Prometo hacerlo mejor —dije yo.

Después de mi breve presentación, el profesor dijo:

—Sólo hay una regla para esta semana que vamos a compartir: si en algún momento sentís ganas de hablar, quiero que me prometáis que lo haréis.

—¿Qué es eso de «si sentís ganas de hablar»? —preguntó el sargento con tono escéptico.

—Creo que lo sabrás cuando te suceda, Greg. Suele ser una sensación que le hace a uno rebullirse en el asiento, que hace que el corazón nos vaya más aprisa o que nos empiecen a sudar las manos. Es esa sensación que tenemos cuando pensamos que podemos contribuir en algo. No perdáis ocasión de potenciar esta sensación durante esta semana, aunque penséis que al grupo puede no hacerle gracia oír lo que tenéis que decir, aunque no os apetezca decirlo. Si sentís ganas, hablad. Lo contrario es igualmente válido. Si no sentís ganas de hablar, probablemente es mejor que no habléis, así dais ocasión a otro de hacerlo. Confiad en mí, ya lo entenderéis más adelante. ¿De acuerdo entonces? —Asentimos de nuevo educadamente, y el profesor continuó—: Todos vosotros estáis en puestos de liderazgo y tenéis gente a vuestro cargo. Durante esta semana me gustaría plantearos un reto que consiste en que iniciéis una reflexión sobre la abrumadora responsabilidad que habéis adquirido al elegir ser líderes. Porque, efectivamente, cada uno de vosotros ha elegido voluntariamente ser papá, mamá, esposa, jefe, entrenador, profesor, o lo que sea. Nadie os ha obligado a adoptar estos papeles y tenéis la libertad de dejarlos en el momento que queráis. En el ámbito laboral, por ejemplo, los empleados pasan casi la mitad del tiempo en que están despiertos trabajando y viviendo en el ambiente que vosotros, como líderes, habéis creado.

Cuando yo estaba en el mundo del trabajo me dejaba estupefacto la indiferencia, incluso la frivolidad de la gente ante esta responsabilidad. Es mucho lo que está en juego y la gente cuenta con uno. El papel de líder es una vocación de lo más alto.

Empecé a sentirme incómodo. La verdad es que nunca me había parado a considerar las repercusiones que yo podía tener en las vidas de aquellos a quienes dirigía. Pero tanto como «una vocación de lo más alto»… No estaba muy convencido. El profesor continuó:

—Los principios sobre liderazgo de los que os voy a hacer partícipes, ni son nuevos, ni son cosa mía. Son tan antiguos como las Sagradas Escrituras y a la vez tan nuevos y frescos como este amanecer. Son principios aplicables a todos y cada uno de los roles de líderes en los que tenéis el privilegio de servir. Os conviene saber, por si no os habíais dado cuenta ya, que vuestra presencia hoy en esta habitación no es mera casualidad. Estáis aquí con un propósito y espero que podáis descubrirlo en el tiempo que vamos a pasar juntos esta semana.

Mientras el profesor hablaba, yo no podía dejar de pensar en las «coincidencias con Simeón», en las palabras de Rachael y en la serie de acontecimientos que me habían llevado hasta allí.

—Hoy tengo buenas y malas noticias para vosotros —continuó Simeón—. Las buenas son que voy a pasarme siete días dándoos las claves del liderazgo. Como todos vosotros servís como líderes, confío en que eso os parecerá una buena noticia. Recordad que siempre que dos o más personas se reúnen con un propósito, hay una oportunidad de liderazgo. Las malas noticias son que cada uno de vosotros va a tener que tomar decisiones personales respecto a la aplicación de esos principios a su vida. El tener influencia sobre los otros, el verdadero liderazgo, está al alcance de cualquiera, pero requiere un tremendo esfuerzo personal. Desgraciadamente, muchos de los que ocupan puestos de liderazgo lo rehúyen.

Mi compañero de habitación, el pastor, levantó la mano para hablar y el profesor le hizo una seña con la cabeza.

—Advierto que usas mucho los términos «líder» y «liderazgo», y pareces evitar «gerente» y «gestión». ¿Hay alguna razón para ello?

—Buena observación, Lee. La gestión no es algo que hagas con la gente. Puedes gestionar tu inventario, tu talonario de cheques, tus recursos. Pero no gestionas otros seres humanos. Se gestionan cosas, se lidera a la gente.

El hermano Simeón se levantó, se dirigió a la pizarra y escribió «Liderazgo» arriba del todo y nos pidió que le ayudáramos a dar una definición de esa palabra. Tardamos unos veinte minutos en llegar a una definición consensuada:

Liderazgo: El arte de influir sobre la gente para que trabaje con entusiasmo en la consecución de objetivos en pro del bien común.

De vuelta a su asiento, el profesor comentó:

—Una de las palabras clave es «arte», hemos definido el liderazgo como un arte, y yo he tenido ocasión de ver que así es. Un arte es simplemente una destreza aprendida o adquirida. Yo mantengo que el liderazgo, el influenciar a los otros, consiste en una serie de destrezas que cualquiera puede aprender y desarrollar si une al deseo apropiado las acciones apropiadas. La segunda palabra clave de nuestra definición es «influir». Si el liderazgo tiene que ver con influir sobre los otros, ¿cómo conseguiremos desarrollar esta influencia sobre los demás? ¿Cómo conseguiremos que la gente haga nuestra voluntad? ¿Cómo conseguiremos sus ideas, su compromiso, su excelencia, que son, por definición, dones voluntarios?

—En otras palabras —interrumpí—, ¿cómo puede conseguir el líder que se involucren también mentalmente, y no según la vieja mentalidad de «no nos interesa lo que puedas pensar». ¿Te refieres a eso, Simeón?

—Exactamente, John —respondió Simeón—. Uno de los fundadores de la sociología, Max Weber, escribió hace muchos años un libro llamado *Sobre la teoría de las ciencias sociales*. En este libro, Weber articula las diferencias entre poder y autoridad, y las definiciones que da son todavía perfectamente válidas. Voy a intentar reproducirlas lo mejor posible. —Volvió a la pizarra y escribió:

Poder: La capacidad de forzar o coaccionar a alguien, para que éste, aunque preferiría no hacerla, haga tu voluntad debido a tu posición o tu fuerza.

—Todos sabemos lo que es el poder, ¿verdad? El mundo está lleno de poderosos. «O lo haces o te echo a la calle». «O lo hacen o les bombardeamos». «O lo haces o te doy una paliza». «O lo haces o te arresto dos semanas»... ¡No hay más que poner «o lo haces o lo que sea»! ¿Todo el mundo está de acuerdo con esta definición?

Todos asentimos con la cabeza. Simeón se volvió otra vez a la pizarra y escribió:

Autoridad: El arte de conseguir que la gente haga voluntariamente lo que tú quieres debido a tu influencia personal.

—Bueno, esto ya es otra cosa, ¿verdad? La autoridad consiste en conseguir que la gente haga tu voluntad voluntariamente, porque tú les has pedido que lo hagan. «Lo haré porque Bill me ha pedido que lo haga, yo por Bill haría cualquier cosa» o «lo haré porque mami me ha pedido que lo haga». Y fijaos que el poder se define como una capacidad, mientras que la autoridad se define como un arte. Ejercer el poder no exige inteligencia ni valor. Los niños de dos años acostumbran a gritar órdenes a sus padres y a sus animalitos de compañía. Ha habido muchos gobernantes viles y estúpidos a lo largo de la historia. En cambio, conseguir tener autoridad sobre la gente requiere una serie de destrezas especiales.

—Por lo que yo entiendo —dijo la entrenadora—, estás diciéndonos que se puede estar en una posición de poder y no tener autoridad sobre la gente. Y, a la inversa, se puede tener autoridad sobre la gente y no estar en una posición de poder. Así pues, ¿el objetivo sería estar en el poder y, además, tener autoridad sobre la gente?

—¡Lo has expresado perfectamente, Chris! Podemos también ver la diferencia entre poder y autoridad porque el poder se puede comprar y vender, se puede dar y quitar. Puedes tener poder por el hecho de ser el cuñado o el amiguete de alguien, o por haber heredado dinero o poder. Esto no vale para la autoridad. La autoridad tiene que ver con lo que tú eres como persona, con tu carácter y con la influencia que has ido forjando sobre la gente.

—Eso puede que valga para la iglesia o la familia, ¡pero no funciona nunca en el mundo real! —afirmó el sargento.

Simeón se dirigía casi siempre a la gente por su nombre de pila:

—Vamos a ver si eso que dices es realmente así, Greg. En casa, por ejemplo, ¿queremos que nuestra esposa e hijos respondan a nuestro poder o a nuestra autoridad?

—A nuestra autoridad, claro está —intervino la directora de escuela.

—¿Y por qué te parece tan claro, Theresa? —replicó inmediatamente el profesor—. ¿Bastaría con el poder, no? «Hijo, ¡o sacas la basura, o te doy unos azotes!» ¿Qué, a que seguro que esa noche se llevarían la basura?

Kim, que, según me enteré la segunda vez que me lo dijo, era enfermera jefe del hospital maternal Providence en el sur del estado, intervino diciendo:

—Sí, pero ¿cuánto duraría esa situación? ¡Porque en cuanto el chico crezca se defenderá!

—Exactamente, Kim, porque el poder desgasta las relaciones. Se puede estar una temporada en el poder, incluso se pueden llevar a cabo unos cuantos proyectos, pero a la larga, el poder llega a deteriorar seriamente las relaciones. El fenómeno habitual con los adolescentes, lo que llamamos rebeldía, responde en muchos casos al hecho de que han estado demasiado tiempo «sometidos al poder» en casa. Lo mismo ocurre en la empresa. El descontento de los empleados es con frecuencia una «rebeldía» encubierta.

De repente me empecé a sentir fatal recordando el comportamiento de mi hijo y el pulso con el sindicato en la fábrica.

—Por supuesto —siguió diciendo el profesor—, mucha gente sensata estará de acuerdo en que es importante mandar con autoridad en casa. Pero ¿qué hay de las organizaciones voluntarias? Lee, tú que eres párroco supongo que tienes que lidiar con un montón de voluntarios, ¿no es así?

—Desde luego —contestó el pastor.

—Y según tú, ¿esos voluntarios responden mejor al poder o a la autoridad?

El pastor dijo riéndose:

—¡No creo que nos fueran a durar mucho los voluntarios si tratáramos de utilizar el poder con ellos!

—Desde luego que no —continuó Simeón—. Porque sólo están dispuestos a trabajar como voluntarios en una organización que satisface sus necesidades. Veamos qué pasa en la empresa; ¿tratamos también con voluntarios en el mundo de los negocios?

Tuve que pararme a pensarlo un momento. Mi primera respuesta fue «por supuesto que no son voluntarios», pero Simeón me hizo reconsiderar mi postura.

—Piénsalo un poco. Podemos contratar sus manos, sus brazos, sus piernas y sus espaldas, y el mercado nos ayuda a determinar la tarifa. Pero ¿no son también voluntarios en el sentido más estricto del término? ¿Acaso no tienen libertad para irse? ¿No pueden irse a la empresa de enfrente por cinco centavos más por hora?, ¿o incluso por cinco centavos menos, en caso de que realmente no les gustemos nada? Por supuesto que pueden. Y ¿qué hay de su corazón, de su mente, de su compromiso, de su creatividad, de sus ideas?

Todo eso no puede exigirse, sólo ofrecerse voluntariamente. ¿O es que se pueden ordenar o exigir cosas como el compromiso, la excelencia o la creatividad?

La entrenadora objetó:

—Simeón, creo que vives en un mundo irreal. ¡Si no se ejerce el poder, la gente no te respeta!

—Puede ser, Chris. No quiero que creáis que soy un lunático, sé perfectamente que hay ocasiones en que uno tiene que ejercer el poder. Porque no queda más remedio que echar mano de los medios de educación más tradicionales en casa, o porque hay que despedir a un empleado desastroso, hay veces en que necesitamos recurrir al poder. Lo que os estoy sugiriendo es que cuando no queda más remedio que ejercer el poder, el líder debe dejar claro por qué se ha visto obligado a ello. Y es que si hay que recurrir al ejercicio del poder es porque ha fallado nuestra autoridad. O peor aún, ¡puede que, para empezar, no tuviéramos ninguna autoridad!

—Pero la gente sólo responde al poder —insistió el sargento.

—Eso puede haber sido cierto en alguna época, Greg —asintió el profesor—. Pero hoy en día la respuesta de la gente al poder ha cambiado mucho. Piensa por todo lo que ha pasado este país en los últimos treinta años. Hemos vivido la década de 1960, hemos visto cómo se ponían en tela de juicio el poder y las instituciones. Hemos sido testigos de abusos de poder por parte del gobierno: Watergate, Irangate, Whitewatergate, en fin, todos los «gate» que se te ocurran. Ha habido varios casos de importantes prebostes de la iglesia mezclados en escándalos tan escabrosos como vergonzosos. Hemos pillado a los militares mintiéndonos sobre My Lai, el Agente Naranja, y no está claro si también mienten en lo del Síndrome de la Guerra del Golfo. Los medios de comunicación y Hollywood nos han presentado a grandes líderes del mundo empresarial como insaciables depredadores del medio ambiente, malhechores que no merecen ninguna confianza. Creo que nunca ha habido tanto escepticismo como hoy en relación con la gente que ocupa posiciones de poder.

Intervino el pastor:

—La semana pasada leí en *USA Today* que hace treinta años tres de cada cuatro ciudadanos decían confiar en el gobierno. Hoy en día las estadísticas hablan de uno de cada cuatro. Me parece bastante significativo.

—Todo esto está muy bien en teoría —volvió a objetar la entrenadora—. Pero si, según dices, la autoridad y la influencia son la manera de conseguir que la gente haga lo que tiene que hacer, ¿cómo puedes conseguir forjarte esa autoridad, teniendo en cuenta la diversidad de gente con la que tenemos que lidiar hoy en día?

—Paciencia, Chris, paciencia —respondió riéndose el profesor—. Ahora llegamos a ello.

El sargento echó una ojeada al reloj y pidió la palabra:

—Simeón, tengo ganas de hablar, así que como buen alumno que soy voy a hacerlo. ¿Podemos dar por terminada la sesión de la mañana?, necesito ir al servicio.

• • •

Nos servían tres sustanciosas comidas diarias: desayuno a las ocho quince (tras la misa de la mañana), comida a las doce treinta (tras el oficio de nona), y cena a las seis de la tarde (tras vísperas). La comida era sana, simplemente condimentada y deliciosa, y la servía un monje simpático y muy servicial, el hermano Andrew.

Para mi sorpresa, conseguí asistir a todos y cada uno de los cinco servicios diarios durante mi estancia en el monasterio. Todos los días empezaban con los maitines a las cinco treinta, seguía la misa a las siete treinta, luego el oficio de mediodía, las vísperas a las siete treinta y las completas se rezaban a las ocho treinta. Los oficios solían durar entre veinte y treinta minutos, y todos eran ligeramente distintos según la hora. Al principio me parecieron bastante monótonos, pero según iba pasando la semana me sorprendí a mí mismo deseando que llegara la hora del siguiente. Los oficios conseguían centrarme, me regulaban el día y me otorgaban tiempo para reflexionar, algo que hacía años que no practicaba demasiado.

Mi compañero de habitación y yo nos llevábamos bien. Descubrí que Lee era una persona muy abierta, sin demasiadas pretensiones, a diferencia de muchas personas religiosas que yo había conocido. Aunque no pasábamos mucho tiempo juntos, solíamos cambiar impresiones antes de retirarnos, al final de cada jornada. De todas formas, generalmente estábamos tan cansados del madrugón y de las actividades cotidianas que nos quedábamos dormidos enseguida. En conjunto era un compañero de habitación ideal.

Como era de esperar, cada uno de los seis participantes del retiro teníamos distinta procedencia; nuestro denominador común era el hecho de que cada uno de nosotros tenía un puesto de liderazgo en nuestras respectivas organizaciones. Todos teníamos gente a nuestro cargo.

El día estaba organizado en torno a los cinco oficios, las tres comidas y las cuatro horas de clase, con alguna pequeña pausa. El resto del tiempo solíamos dedicarlo a la lectura, la conversación, los paseos por aquellos espléndidos parajes, o a bajar los 243 escalones que llevaban hasta el maravilloso lago Michigan, para dar una vuelta por la playa.

Durante la sesión de la tarde, el profesor nos pidió que nos pusiéramos por parejas. Kim me sonrió y me senté con ella, esta vez dispuesto a escucharla.

—Vamos a intentar completar un poco esta idea de forjar autoridad, o influencia, si preferís, en los demás. Quiero que cada uno de vosotros piense en una persona que, en algún momento de vuestra vida, haya tenido sobre vosotros una autoridad, de acuerdo con la definición que dimos esta mañana. Puede ser un profesor, un entrenador, una esposa, un jefe..., da lo mismo. Pensad en alguien que haya sido una autoridad en vuestra vida, alguien por quien estaríais dispuestos a hacer cualquier cosa —pensé de inmediato en mi querida madre, que había muerto diez años antes.

»Luego —continuó Simeón—, me gustaría que hicierais con vuestra pareja una lista de las cualidades de esa persona. Escribidlas según se os vayan ocurriendo, como la lista de la compra, y luego juntad las dos listas. A continuación quiero que cada equipo reduzca a tres, máximo cinco, las cualidades que os parecen esenciales para desarrollar autoridad sobre la gente, sobre la base de esa experiencia personal.

El ejercicio me resultó fácil porque mi madre ha tenido gran influencia en mi vida, y me habría hecho realmente feliz haber podido hacer lo que fuera por ella, pero desgraciadamente ya no era posible. Escribí rápidamente: «paciente, comprometida, cariñosa, atenta, digna de confianza» y le pasé la hoja a Kim.

Me sorprendió descubrir que la lista de Kim era muy parecida a la mía. Su elección había recaído sobre un antiguo profesor de instituto que había tenido mucha influencia en su vida.

Simeón se acercó a la pizarra y pidió a cada grupo su lista. Otra vez me quedé estupefacto de la similitud que presentaban las listas de los diferentes equipos. Las diez respuestas más recurrentes eran:

- Honrado, digno de confianza
- Ejemplar
- Pendiente de los demás
- Comprometido
- Atento
- Exige responsabilidad a la gente
- Trata a la gente con respeto
- Anima a la gente

- Actitud positiva, entusiasta
- Aprecia a la gente

Simeón se volvió de espaldas a la pizarra y comentó:

—Una lista estupenda, estupenda. Volveremos sobre ella más adelante a lo largo de la semana y la compararemos con otra que muchos de vosotros conocéis. Pero, de momento, tengo dos preguntas que haceros sobre vuestra lista. La primera es: ¿cuántas de estas características, que a vuestro juicio son esenciales para mandar con autoridad, son innatas?

Todos dedicamos un momento a mirar la lista con atención hasta que Kim dijo escuetamente:

—Ninguna.

—Yo no estoy tan seguro —objetó el sargento—. La actitud positiva, entusiasta, la capacidad de apreciar son probablemente innatas. Yo nunca he sido ese tipo de persona, ni tengo especial interés en serlo.

—¿Ah, no? Pues puede que cambiaras de idea por 25.000 dólares —replicó el pastor.

—¿A qué viene eso, predicador?

—Supón que te digo que te doy una prima de 25.000 dólares si, de aquí a seis meses, muestras una actitud más positiva, de mayor entusiasmo y aprecio hacia la tropa. La pregunta que te hago es la siguiente, Greg: ¿veríamos aumentar por tu parte «el peloteo» hacia la tropa, o no?

El sargento asintió, con la cabeza tan gacha que casi le llegaba a las deportivas, y dijo:

—Entiendo tu punto de vista, Lee.

Simeón salió al quite diciendo:

—Todas esas características que habéis dado son comportamientos; y el comportamiento es materia de elección. Vamos con la segunda pregunta: ¿cuántas de estas características, de estos comportamientos, practicáis normalmente?

—Todas ellas —respondió la directora de escuela—. En mayor o menor medida las practicamos todas. Algunas mejor que otras, y algunas casi nada. Por muy mal que se le dé a uno escuchar, alguna vez no queda más remedio que hacerlo; y el más sinvergüenza puede ser un honrado padre de familia.

—Fantástico, Theresa —dijo el profesor sonriendo—. Estos rasgos de carácter se desarrollan muchas veces a una edad temprana y se convierten en comportamientos habituales. Algunos de nuestros hábitos, de nuestros rasgos de carácter, siguen madurando, evolucionan hasta niveles superiores, mientras que otros no cambian prácticamente nada desde la adolescencia. El reto para el líder consiste en identificar aquellos rasgos en los que necesita trabajar y en aplicarles el reto de los 25.000 dólares de Lee. Es un reto que tenemos que aceptar para cambiar nuestros hábitos, nuestro carácter, nuestra naturaleza. Y eso requiere un gran esfuerzo.

—Nadie puede cambiar su naturaleza —dijo el sargento en tono desafiante.

—No cambies de canal, Greg, volvemos enseguida —replicó el profesor con un guiño.

• • •

Después de la pausa de la comida, dedicamos el resto del día a discutir la importancia de las relaciones humanas.

Empezó el profesor:

—Dicho en términos sencillos, el liderazgo consiste en conseguir que la gente haga una serie de cosas. Cuando trabajamos con gente, cuando queremos conseguir que la gente haga cosas, nos encontramos siempre con dos dinámicas: la tarea y la relación humana. Es fácil que los líderes desequilibren la balanza en favor de una de las dinámicas, y claro está, en detrimento de la otra. Por ejemplo, si nos centramos sólo en que se lleve a cabo la tarea y descuidamos la relación, ¿qué síntomas van a aparecer?

—¡Huy, qué fácil! —respondió la enfermera—. Para detectar a los más tiranos en el hospital no hay más que fijarse en quién tiene más movimiento de personal en su área. Nadie quiere trabajar para ellos.

—Exacto, Kim. Si nos centramos sólo en la tarea y no en la relación humana, nos encontramos con cambios permanentes de personal, rebeldía, falta de calidad, bajo nivel de compromiso, bajo nivel de confianza y otros síntomas igualmente indeseables.

—Sí, sí —me encontré diciendo—; hace poco en mi empresa tuvimos que pararle los pies al sindicato, tal vez porque nos habíamos centrado demasiado en la tarea. Lo único que me importaba era el resultado final, y las relaciones humanas probablemente se resintieron de ello.

—¡Pero la tarea es importante! —señaló el sargento—. No creo que ninguno de nosotros dure mucho en su trabajo si no consigue que se haga lo que hay que hacer.

—Eso es absolutamente cierto, Greg —asintió Simeón—. Si el líder no consigue que se lleven a cabo las tareas asignadas, y sólo se ocupa de la relación humana, puede que sea estupendo como canguro, pero desde luego no será lo que se dice un líder. Por lo tanto, la clave del liderazgo es llevar a cabo las tareas asignadas fomentando las relaciones humanas.

Se me ocurrió una idea que quise poner en común.

—Yo pienso que es posible que esto esté cambiando un poco, pero muchos, por no decir la mayoría de la gente que asciende hoy en día a puestos de liderazgo, llega a ellos por sus capacidades técnicas o relacionadas con el trabajo. Es una trampa muy habitual en la que he reparado muchas veces a lo largo de mi carrera. Promovemos a nuestro mejor conductor de carretillas elevadoras al puesto de supervisor, y de paso creamos dos problemas nuevos: ¡perdemos a nuestro mejor conductor y nos encontramos con un supervisor infame! Así que debido a esta perniciosa tendencia, los que se encuentran en la mayoría de los puestos de liderazgo son probablemente en su mayoría gente orientada hacia la técnica o la tarea.

—Bien puede ser que estés en lo cierto, John —replicó el profesor—. Antes dijimos que el poder puede acabar con las relaciones humanas. Ahora la pregunta que tenemos que plantearnos es la siguiente: ¿son importantes las relaciones humanas en vuestro ámbito de liderazgo? Me ha llevado prácticamente toda la vida el aprender que la gran verdad de todo en esta vida son las relaciones, las relaciones con Dios, con uno mismo y con los demás. Y esto es especialmente cierto en los negocios, porque si no hay gente, no hay negocio. Las familias que funcionan, los equipos que funcionan, las iglesias que funcionan, los negocios que funcionan, todos tienen que ver con relaciones humanas que funcionan. Los grandes líderes de verdad poseen el arte de construir relaciones que funcionan.

—¿Podrías ser más concreto, Simeón? —pidió la entrenadora—. Para mí los negocios tienen que ver con ladrillos, hormigón y máquinas. ¿A qué relaciones exactamente te refieres?

—Para tener un negocio que funcione y que prospere, tienen que funcionar las relaciones con los A.C.E.P en la organización. Y no me estoy refiriendo a los Altos Cargos de Empresa Pistonudos, precisamente. Me refiero a los Accionistas (o Propietarios), a los Clientes, a los Empleados y a los Proveedores. Por ejemplo, si nuestros clientes se nos van, o se van a la competencia, tenemos un problema de relación. No estamos identificando y satisfaciendo sus necesidades legítimas. Y la regla número uno de todo negocio es que si no somos capaces de satisfacer las necesidades de nuestros clientes, otros lo harán.

Estas palabras me hicieron reaccionar:

—Desde luego, se acabó la época en que bastaba con hacerle unas fiestas al cliente e invitarle a comer para firmar el contrato. Ahora lo importante es la calidad, el servicio y los precios.

El profesor asintió:

—Eso es, John, se trata de satisfacer sus legítimas necesidades. Y el mismo principio vale para los empleados. La agitación obrera, el malestar, las huelgas, la moral baja, la falta de confianza y el bajo nivel de compromiso son meros síntomas de un problema de relación. Las legítimas necesidades de los empleados no están siendo satisfechas.

Recordé inmediatamente a mi jefe cuando me dijo que la campaña sindicalista en la fábrica era un problema de gestión y yo preferí no hacerle caso.

—Voy a ir incluso más allá. Si no satisfacemos las necesidades de los propietarios o de los accionistas, también se verá la empresa en un serio problema. Los accionistas tienen la legítima necesidad de conseguir unos dividendos justos de su inversión, y si, como empresa, no satisfacemos esa necesidad, las relaciones con los accionistas no van a ser precisamente buenas.

Intervino el pastor:

—Eso es cierto, hermano Simeón... y si los accionistas no están contentos, no creo que vayamos a durar mucho como empresa. Tuve ocasión de aprender esto de forma bastante dolorosa hace muchos años, cuando era director general de un gran centro turístico en Arizona. Todos nos lo pasábamos muy bien trabajando y no prestábamos mucha atención a los resultados económicos, hasta que se terminó la bonanza. Fui directamente de la cola del paro al seminario.

El profesor siguió con su argumento.

—El mismo principio de relación es válido para nuestros vendedores y proveedores, para los recursos financieros, y para cualquier área o servicio en nuestra empresa. En resumen, una relación de simbiosis que funcione con los clientes, los empleados, los propietarios y los proveedores, es el seguro para que un negocio funcione. Los verdaderos líderes entienden perfectamente este sencillo principio.

El sargento seguía sin convencerse:

—Pero, a fin de cuentas, Simeón, ¿quieres que te diga lo que realmente hace que la tropa, los empleados y todos los demás estén contentos? La respuesta siempre es la misma: «la pasta».

—Por supuesto que el dinero es importante, Greg. Retén un cheque de paga y verás si el dinero es importante. Sin embargo, en las encuestas que se han hecho en este país desde hace décadas, el dinero ocupa sistemáticamente el cuarto o el quinto lugar en la lista de lo que la gente espera de su empresa. El ser tratados con dignidad y respeto, el ser capaces de contribuir al éxito de la empresa, el sentirse parte de ella, siempre aparecen por encima del dinero. Desgraciadamente, los líderes, en su mayoría, han optado por no dar crédito a las encuestas.

El pastor, que no paraba de rebullirse en la silla y que a todas luces estaba deseando hablar, dijo finalmente:

—Pensemos en la institución del matrimonio en este país; casi la mitad de esas asociaciones, que podríamos definir como organizaciones, fracasan. ¿Sabéis cuál es la razón número uno que se esgrime para explicar el fracaso? ¡Dinero y problemas financieros! Pero vamos, ¿quién de vosotros puede creérselo? ¡Eso es como decir que los pobres no pueden estar felizmente casados! ¡Qué absurdo! He sido consejero matrimonial durante años en mi oficio pastoral y puedo aseguraros que todo el mundo le echa la culpa siempre al dinero porque es algo tangible, a lo que se pueden agarrar. Pero la raíz de estos problemas es siempre la pobreza de las relaciones.

—Buen punto —salté yo—. En una reciente reunión con los sindicatos en nuestra fábrica, todo el mundo insistía en que el problema principal era el económico, hasta el punto de que llegué a convencerme de que así era. Pero el asesor de asuntos sindicales que contratamos para que nos ayudara ante la campaña sindicalista no paraba de decirme que el problema no era el dinero. Insistía en que se trataba de un problema de relaciones, pero yo no le creí. Puede que tuviera razón.

La directora de escuela preguntó:

—Simeón, si las relaciones humanas son tan importantes en la empresa y en la vida, y en eso estoy de acuerdo contigo, ¿cuál es, a tu juicio, el ingrediente más importante para conseguir una relación que funcione?

—Me alegro de que lo preguntes, Theresa —contestó en el acto el profesor—. La respuesta es muy sencilla: confianza. Sin confianza es difícil, por no decir imposible, mantener una buena relación. La confianza es lo que permite cimentar los distintos elementos de una relación. Si no estás muy segura de que esto sea así, por qué no te preguntas cuántas buenas relaciones mantienes tú con gente de la que no te fías. ¿Te apetece salir a cenar con esa gente un sábado por la noche? Sin unos niveles básicos de confianza, los matrimonios se rompen, las familias se descomponen, las empresas se arruinan, los países se vienen abajo. Y la confianza llega cuando uno se la merece. Hablaremos más del tema en esta semana.

Estoy seguro de que, en esa primera lección de aquel primer domingo de octubre, discutimos sobre muchas más cosas, pero esos son los puntos que recuerdo con más claridad. Me venían a la cabeza tantos pensamientos y me embargaban tantas emociones a la vez que me costó mucho trabajo mantener la atención hasta el final del día. No dejaba de pensar en las responsabilidades que había asumido: jefe, padre, marido, entrenador... Y estas responsabilidades, unidas a mi estilo de liderazgo de poder, me daban verdadero vértigo. Cuando me derrumbé aquella noche sobre la cama me sentía deprimido y absolutamente exhausto.

CAPÍTULO DOS

El paradigma antiguo

*Si no cambias de dirección, acabarás en el lugar
exacto al que te diriges.*

A las cuatro cuarenta y cinco de la mañana estaba ya completamente despierto, pero no tenía muchas ganas de salir de la cama. Sabía que el profesor me estaría esperando en la capilla, así que conseguí arrancarme de mis cálidas mantas, me eché un poco de agua en la cara y me dirigí a su encuentro.

Simeón estaba sentado en el mismo asiento que ocupaba durante los cinco servicios diarios. Me hizo una seña con la mano y fui a sentarme a su lado.

—Siento sacarte de la cama a estas horas para que vengas a reunirte conmigo —dije disculpándome.

—No te apures John, ya llevo en pie un buen rato. Me alegro de que tengamos ocasión de vernos. Le pregunté al abad si podía reunirme contigo en el desayuno, pero no me ha contestado todavía. Nos ha autorizado a romper el Gran Silencio antes del servicio de las cinco treinta, cosa que le agradezco mucho.

«Qué magnánimo», pensé yo para mis adentros.

—Así pues, dime, John, ¿qué has aprendido?

—Todo tipo de cosas —repliqué sin mucho entusiasmo—. Esa historia sobre el poder y la autoridad era muy interesante. Pero oye, Simeón, desde luego ayer me pillaste en lo de no escuchar a Kim.

—Ah, sí, John. Me he dado cuenta de que no escuchas demasiado bien.

—¿Qué quieres decir? —pregunté a la defensiva—. Siempre he pensado que sabía escuchar.

—Ayer por la mañana, cuando nos encontramos en mi habitación, me cortaste por lo menos tres veces en mitad de una frase. Bueno, eso es algo que mi ego puede soportar, John, pero me espanta pensar en el mensaje que haces llegar a la gente que diriges, interrumpiéndoles de esa manera. ¿No te ha hablado nadie de esta mala costumbre tuya?

—Pues, no —mentí, a sabiendas de que una de las mayores quejas de Rachael era que nunca dejaba a nadie acabar una sola frase, sin meter yo baza. A mis hijos aquello les frustraba lo indecible. Rachael mantenía que probablemente hacía lo mismo en el trabajo e insistía en que seguro que nadie se atrevía a decírmelo a la cara. Sin embargo, en una ocasión eso fue precisamente lo que sucedió. Ocurrió durante una entrevista con un director de producción que dejaba el puesto para irse a trabajar con la competencia. Me dijo que nunca había encontrado a nadie que escuchara menos que yo. No hice mucho caso de aquello, porque di por sentado que los que dejaban la empresa y los traidores poco podían enseñarme.

—Cuando se corta así a la gente, dejándola con la palabra en la boca, se están emitiendo mensajes poco positivos. Primero, si me cortan así la palabra, es evidente que no me estaban escuchando muy atentamente, puesto que ya tenían la respuesta en mente; segundo, no me valoran en absoluto, no valoran mi opinión, y, finalmente, deben pensar que lo que tienen que decir es mucho más importante que lo que yo tengo que decir. Estos, John, son mensajes que indican una falta de respeto, que como líder no puedes permitirte emitir.

—Pero eso no es así, Simeón —protesté—. Yo te tengo muchísimo respeto.

—Tus sentimientos de respeto deben ser acordes con tus actos de respeto, John.

—Sospecho que tendré que trabajar sobre ello —contesté precipitadamente, deseando cambiar de tema.

—Cuéntame algo sobre ti, John —me pidió el profesor como si me leyera el pensamiento.

Hice para Simeón una autobiografía en cinco minutos y dediqué otros cinco a la descripción de las «coincidencias con Simeón» y a mi sueño recurrente.

Simeón me escuchó con atención, como si lo único que importara en el mundo fuera lo que yo estaba contando. Me miraba directamente a los ojos y sacudía de vez en cuando la cabeza, para hacerme ver que entendía, pero no pronunció una sola palabra hasta que acabé del todo.

Después de un par de minutos en silencio, dijo:

—Gracias por hacerme partícipe de tu historia, John. Ha sido fascinante. Me encanta oír contar la vida de la gente.

—Bueno, no es nada del otro mundo —dije con modestia—. Y, dime, ¿qué opinas de tanta coincidencia con Simeón?

—De momento no estoy seguro, John —contestó acariciándose el mentón—. Me inclino a pensar, como tu mujer, que probablemente tienen algún significado. Nuestro inconsciente y los sueños que produce están cargados de una fabulosa riqueza de significados que apenas si empezamos a entender.

—Ya, eso supongo.

—Vamos a ver, ¿en qué puedo serte de utilidad durante esta semana, John?

—Pues supongo, Simeón, que me gustaría sacar algún partido de tu experiencia, si es que puedo. Realmente no me siento muy en paz últimamente, tengo la mente muy agitada. Pensarás que un tipo que lo tiene todo tendría que estar feliz y satisfecho. Pero como acabo de decirte, ese no es mi caso.

—John, me ha llevado muchos años aprender que no son las cosas materiales de la vida las que le hacen a uno feliz —dijo Simeón como si estuviera diciendo una verdad universal—. Y si no, mira a tu alrededor. Los mayores placeres de la vida son absolutamente gratis.

—¿De veras lo crees, Simeón?

—Así de entrada, John, piensa en el amor; el matrimonio; los amigos; los hijos; los nietos; las puestas de sol; los amaneceres; las noches estrelladas; los bebés; el don del tacto, del gusto, del olfato, del oído, de la vista; la salud; las flores; los lagos; las nubes; el sexo; la capacidad para elegir; incluso la propia vida. Todo eso es gratis, John.

Empezaba a entrar en la capilla una fila de monjes y me di cuenta de que casi se nos había acabado el tiempo.

—Se supone que tengo que aprender algo de ti en esta semana, Simeón. No sé muy bien qué, pero estoy deseando averiguarlo. Sé perfectamente que tengo que recomponer mi vida si no quiero quedarme sin trabajo, e incluso sin familia. Pero si he de serte sincero, te diré que aquí no sólo no me encuentro mejor, sino que de hecho me encuentro peor. Cuanto más te escucho, más me doy cuenta de lo mal encaminado que iba. Creo que nunca he tenido el ánimo tan por los suelos.

—Es el punto de partida perfecto —replicó Simeón.

El aula era un hervidero cuando dieron las nueve en el reloj el lunes por la mañana.

El profesor dirigió una sonrisa al grupo y dijo amablemente:

—Tengo la impresión de que hay unos cuantos que han estado planteándose algunos de los principios que discutimos ayer.

—¡Y tanto que sí! —saltó el sargento, como si hablara en nombre de todo el grupo—. Esa película que nos contaste ayer va en contra de todos los principios que nos han enseñado fuera de aquí, en el mundo real.

El pastor sacudió la cabeza y dijo:

—¿Qué quieres decir con «nos»? ¡Puede que sencillamente tengas que poner en tela de juicio alguno de tus antiguos paradigmas, soldado!

—¿Y qué es eso de «paradigma», predicador? —gruñó el sargento—, ¿te lo has sacado de la Biblia?

Simeón aprovechó la pregunta.

—Paradigma; bien, es una buena palabra. Los paradigmas son sencillamente patrones psicológicos, modelos, mapas que nos valen para no perder el rumbo en la vida. Nuestros paradigmas pueden ser útiles e incluso pueden salvarnos la vida si hacemos un uso apropiado de ellos. Pero también pueden llegar a ser peligrosos si los consideramos verdades inmutables que valen para todo, y los utilizamos como filtros de la información nueva y de la mudanza de los tiempos a lo largo de nuestra vida. Aferrarse a paradigmas obsoletos puede paralizarnos mientras el mundo avanza.

—Vale, ya lo entiendo —dijo el sargento—. De acuerdo con mis antiguos paradigmas, los monjes son gente rara y los monasterios cuanto más lejos mejor. Gracias a mi capitán, que se empeñó en mandarme aquí, me alegra poder decir que aquí, esta semana, estos paradigmas están siendo revisados.

Todos nos reímos, y Simeón más que nadie.

—Bueno, Greg, supongo que tengo que darte las gracias —respondió el profesor con una sonrisa—. Como ejemplo de paradigma peligroso, pensad en la visión del mundo que puede desarrollar una niña que haya sufrido malos tratos por parte de su padre. La idea, el paradigma, de que no debe confiar en los hombres puede servirle durante su infancia, llevándola a evitar a su padre. Sin embargo, si transfiere este paradigma al mundo de los adultos a medida que vaya creciendo, probablemente tendrá serias dificultades en su trato con los hombres.

—Entiendo —comentó la enfermera—. El paradigma de la niña es que hay que desconfiar de todos los hombres, pero el paradigma apropiado sería que hay que desconfiar de algunos hombres. Así pues, un modelo que le fue útil mientras vivió en la casa familiar con ese impresentable se transfiere de forma inadecuada a un contexto más amplio en el mundo adulto.

—Exacto, Kim —continuó Simeón—. Por lo tanto, es importante que reconsideremos continuamente nuestros paradigmas respecto a nosotros mismos, al mundo que nos rodea, a nuestras empresas y a otra gente. Además nuestros paradigmas no siempre son ajustados.

Yo añadí:

—Leí en alguna parte que no vemos el mundo tal y como es, vemos el mundo tal y como somos. El mundo aparece en formas muy distintas según la perspectiva de cada uno. El mundo ofrece aspectos muy distintos dependiendo de que uno sea rico o pobre, joven o viejo, blanco o negro, o de que uno esté enfermo o tenga buena salud... Os aseguro que mi mujer ve el mundo de muy distinta forma que yo.

Intervino la directora de escuela:

—Creo que fue Mark Twain quien dijo que debemos poner mucho cuidado en extraer las lecciones adecuadas de nuestras experiencias, para no hacer lo del gato que se sentó sobre una estufa encendida. Porque el gato que se ha sentado sobre una estufa encendida no volverá a sentarse nunca sobre una estufa encendida, pero tampoco volverá a sentarse sobre una estufa apagada.

—Excelente, excelente —respondió el profesor con su habitual sonrisa—. Pensad en los antiguos paradigmas: el mundo es plano, el Sol se mueve alrededor de la Tierra, la salvación se consigue siendo una buena persona, las mujeres no deben votar, las personas de color son inferiores, las monarquías deben gobernar los pueblos, no se deben llevar botas blancas de tacos en un campo de fútbol, el pelo largo y los pendientes son cosa de mujeres..., pues eso. Se tiende con frecuencia a poner en tela de juicio las nuevas ideas, las nuevas formas de hacer las cosas, tildándolas incluso de herejías, obras del demonio o del comunismo. Poner en tela de juicio lo antiguo supone un gran esfuerzo, pero no hacerlo, también. El mundo cambia a tanta velocidad que, si no revisamos nuestras creencias y nuestros paradigmas, nos estamos arriesgando, en el mejor de los casos, a quedarnos paralizados.

Intervino la entrenadora:

—Me pregunto si no será esto lo que explica por qué es tan importante, hoy en día, la mejora continua. A la empresa que no revisa sus planteamientos y sus métodos, sencillamente la adelanta la competencia porque se queda desfasada. Pero a la gente le cuesta mucho cambiar; ¿a qué crees que puede deberse, Simeón?

El profesor respondió inmediatamente:

—El cambio nos hace salir de un ámbito que nos resulta cómodo y nos obliga a hacer las cosas de modo diferente, y eso es duro. No dar por sentadas las cosas nos obliga a replantearnos nuestra posición, y eso siempre es incómodo. Hay mucha gente que, para no tener que aguantar la incomodidad y el duro esfuerzo de ir progresando, se conforma con permanecer aferrada a sus pequeñas rutinas.

—Una rutina —afirmó la directora de escuela con una mueca burlona— es poco más que un ataúd del que sólo se pueden sacar los pies.

La entrenadora comentó:

—La mejora continua es crucial tanto para las personas como para las organizaciones, porque nada en esta vida es permanente. La naturaleza nos muestra con claridad que sólo si estás creciendo estás vivo, si no, estás muriéndote, estás muerto o te estás pudriendo.

El profesor añadió:

—Casi todo el mundo admite la idea de mejora continua, pero, por definición, no es posible mejorar sin cambiar. Esos espíritus animosos, que andan en el filo poniendo en cuestión las cosas y haciéndose preguntas sobre ellas son los que abren el camino para los demás.

—George Bernard Shaw —intervino de nuevo la directora de escuela— dijo una vez que el hombre sensato se adapta al mundo, y que el insensato se empeña en intentar adaptar el mundo a sí mismo; por lo tanto, todo progreso depende del hombre insensato.

—Yo les digo con frecuencia a mis jugadores —añadió la entrenadora— que en un trineo de perros es mejor ser el que va en cabeza por tres razones. La primera es que pisas siempre nieve limpia, la segunda, que eres el primero en ver paisajes nuevos, y la tercera ¡que no vas todo el camino viendo el trasero de los otros!

—Gracias, Chris, ésa no la conocía yo —dijo riéndose el profesor.

Se acercó a la pizarra y escribió unos ejemplos de paradigmas antiguos y paradigmas nuevos mientras el grupo seguía con la discusión.

ANTIGUO PARADIGMA	NUEVO PARADIGMA
EE.UU. invencible	Competencia mundial
Gestión centralizada	Gestión descentralizada
Japón = chatarra	Japón = calidad
Gestión	Liderazgo
Yo creo	Causa y efecto
Si es que no estamos sin recursos…	Mejora continua
Beneficios a corto plazo	Equilibrio entre beneficios a corto y a largo plazo
Mano de obra	Asociados
Evitar y temer el cambio	El cambio es una constante
Puede valer así	Cero defectos

Simeón continuó diciendo:

—Por supuesto, puede que tengamos que cambiar algunos de nuestros antiguos paradigmas de cara al próximo milenio. Igual que la niña del ejemplo, puede que estemos acarreando un equipaje anticuado y unos paradigmas de organización inapropiados para un mundo nuevo y siempre cambiante. ¿Cuáles son, a vuestro juicio, los paradigmas predominantes hoy en día en el ámbito empresarial?

El sargento, como siempre, saltó rápidamente:

—Gestión de estilo piramidal; verticalismo. Tipo: haz lo que digo; si quiero tu opinión ya te la pediré. Prima la conocida regla de oro según la cual «Manda el que tiene la sartén por el mango».

—Creo que has dado en el clavo, Greg —dijo la directora de escuela—. Y realmente no parece que esté habiendo ningún cambio. La nueva generación de líderes, los del *baby boom* y los de la Generación X, bueno, por un momento algunos de nosotros pensamos que quizás hicieran las cosas de otro modo, tal vez mejor, pero parece que están siguiendo los pasos de sus predecesores.

Simeón volvió lentamente a la pizarra, diciendo:

—Vamos a hablar del paradigma de gestión de estilo piramidal y de cómo se hizo tan popular en este país. —Dibujó un gran triángulo y lo dividió en cinco secciones—. Nuestro estilo piramidal de gestión, con una organización vertical, es un concepto muy antiguo que heredamos de épocas guerreras y monárquicas. En lo militar, por ejemplo, tenemos en el vértice a un general, con coroneles, o lo que sea, en el siguiente nivel, seguidos por capitanes y tenientes, y más abajo por sargentos, y vamos a ver, ¿a quién le toca estar abajo del todo?

—¡A los soldados rasos! —dijo Greg—. Los soldados rasos son los que están siempre en primera línea, y bien orgullosos que se sienten de ello.

—Gracias, Greg. ¿Y quién está más en contacto con el enemigo, el general o los soldados rasos?

ANTIGUO PARADIGMA

Presidente
General

Vicepresidentes
Coroneles

Mandos intermedios
Capitanes y tenientes

Supervisores
Sargentos

Empleados (Asociados)
Soldados rasos (Tropa)

Cliente
Enemigo

—Hombre, los soldados rasos, por supuesto —replicó la entrenadora.

El profesor empezó a escribir nombres de cargos empresariales sobre cada uno de los nombres de grados militares y añadió:

—Vamos a dar un paso más traduciendo el modelo militar al modelo empresarial actual. Pongamos a los consejeros delegados y presidentes en la casilla de los generales, a los vicepresidentes en la de los coroneles, a los directores en la de los capitanes y tenientes y a los supervisores en la de los sargentos. Ahora, a ver, ¿a quién le toca estar abajo del todo en la organización clásica?

—A los «currantes» —respondimos tres al unísono.

—Ya no —anunció el pastor—. ¡Ahora que nos hemos hecho más cultos nos referimos a ellos como los asociados!

—Gracias, Lee —el profesor sonrió. —¿Y dónde está el cliente en este modelo? ¿Quién está más cerca del cliente, los presidentes y consejeros delegados o los operarios que hacen el trabajo y le ponen al producto el valor añadido? Espero que la respuesta os resulte obvia.

Intervine yo:

—Mi mentor en materia empresarial solía recordarme que la gente que empaqueta los vidrios en las cajas en nuestra fábrica es la que está más cerca del cliente. Me refiero a que yo puedo conocer personalmente a los clientes, incluso puedo salir a comer con ellos alguna vez, pero lo que realmente le importa al cliente es lo que hay dentro de la caja cuando la abre. Y los últimos en tocar el vidrio son esos trabajadores. Supongo que por eso son los que más cerca están del cliente.

—Sí, he oído a algunos altos ejecutivos quejarse de la soledad del que está arriba. ¡Pero si están tan solos es porque todos los demás estamos ocupados sacando adelante el trabajo! —saltó Theresa.

—De este modo conseguimos un modelo que podríamos representar así —anunció Simeón alejándose de la pizarra y mirando a los asistentes—. ¿Es éste un buen modelo o paradigma para llevar hoy en día una empresa? —continuó preguntando el profesor.

—¡Pues lo que está claro es que es una manera efectiva de resolver las cosas! —replicó el sargento, un tanto a la defensiva—. Estados Unidos lo ha utilizado con éxito durante mucho tiempo y ha conseguido que se hicieran las cosas con orden.

—Bueno —comentó el pastor—, es muy natural que, tras las grandes victorias que ha conocido este país en este siglo, la gente volviera a casa pensando que este estilo de poder, caracterizado por el verticalismo y la obediencia ciega, era la manera de conseguir resolver las cosas. Probablemente muchos volvieron a sus casas pensando que era la mejor, tal vez la única forma de llevar sus negocios, sus hogares, sus equipos deportivos, sus iglesias y demás organizaciones no militares.

—No cabe duda de que el modelo militar fue efectivo para ganar las guerras —asintió el profesor—; yo soy un ciudadano libre y me siento agradecido por la libertad de que puedo disfrutar ahora mismo. Pero me pregunto, como en el caso de la niña maltratada de la que hablábamos antes, si no habremos trasladado de modo inapropiado un modelo perfectamente válido en la defensa de la patria y los niños, a un mundo donde este modelo no va a ser igual de efectivo. ¿Es válido hoy en día este modelo, o existe una manera mejor de hacer las cosas?

—Sabes —empezó a decir Lee—, cuando miro el modelo de la pizarra, me llama la atención que el cliente esté en la misma casilla que el enemigo. ¿No pensaréis en serio que la empresa ve al cliente como el enemigo, verdad?

—Ciertamente, espero que no, al menos no conscientemente —replicó Kim—. Pero cuando considero este estilo vertical de gestión, me preocupa el mensaje que se está haciendo llegar a la organización.

—¿A qué te refieres? —pregunté.

—Cada elemento de la organización está mirando hacia la casilla de arriba, hacia el jefe, no hacia el cliente —respondió de inmediato.

—¡Es una muy buena observación, Kim! —exclamó Simeón—. Eso es exactamente lo que ocurre con una mentalidad o paradigma piramidal. Si yo me presentara en vuestras empresas y preguntara a los empleados, asociados o como queráis llamarles: «¿A quién trata usted de agradar?» o «¿Al servicio de quién está usted?», ¿cuál creéis que sería la respuesta?

Esta vez contesté yo inmediatamente:

—Me gustaría pensar que dirían «al cliente», pero me temo que dirían «al jefe». En realidad estoy casi seguro de que los empleados de mi fábrica dirían algo así como «Yo estoy aquí para tener contento al jefe. Mientras el jefe esté contento todo va bien». Es triste, pero así es, más o menos.

—Gracias por tu sinceridad, John —dijo el profesor—. Mi experiencia coincide con la tuya. Hoy en día, en muchas organizaciones, la gente está más pendiente del de arriba que del de abajo, y lo que le preocupa es tener al jefe contento. Y mientras todos se esfuerzan en tener contento al jefe, ¿quién se ocupa de tener contento al cliente?

La directora de escuela parecía algo preocupada:

—No deja de ser irónico, aunque es más bien triste. Tal vez la pirámide esté invertida. Puede que haya que poner al cliente en lo alto de la pirámide. Parece que tendría más sentido, ¿no?

—Desde luego que tendría más sentido, Theresa —contestó el pastor—, porque si no se sirve al cliente y no se le tiene contento, no vamos a tener gran cosa que decir en el próximo seminario, porque se nos va a acabar pronto el negocio.

El profesor se acercó a la pizarra diciendo:

—Para seguir con lo que decía Theresa, supongamos que nuestro paradigma piramidal está invertido. Supongamos que ese modelo que fue perfecto en su día ya no lo es. ¿Qué pasaría si, como ha sugerido Theresa, invirtiéramos el triángulo y pusiéramos al cliente arriba del todo? Como decíamos antes, los que estarían más cerca del cliente serían los asociados o los empleados, que se apoyarían sobre los supervisores de primera línea y el resto. El nuevo modelo podría ser algo así.

Simeón se retiró de la pizarra.

—Para mí que estás en las nubes, Simeón —insistió el sargento—. Estás diciendo que los empleados estarían en el lugar de mando. Quiero decir que toda esta simpática y deshilvanada charla es muy divertida en teoría, pero impensable en el mundo real.

—Por favor, Greg, atiéndeme un momentito más —dijo Simeón—. Trata de pensar en una organización enfocada a servir al cliente que está arriba del todo, una organización donde, tal como describe la pirámide invertida, los empleados en primera línea están realmente dando servicio a los clientes y asegurándose de que se están satisfaciendo sus legítimas necesidades. Y supón que los supervisores de primera línea empiezan a considerar a sus empleados como clientes suyos, y se ponen a identificar y satisfacer sus necesidades. Y así sucesivamente en toda la pirámide. Esto obligaría a todos los mandos a asumir una nueva mentalidad, un paradigma nuevo, y a reconocer que el papel del líder no es mandar y dominar al de la casilla de abajo. El papel del líder es más bien servir; interesante paradoja... ¿Qué pasaría si la aplicamos de arriba a abajo en toda la pirámide? Tal vez ponernos al servicio de los otros sea la mejor manera de dirigir. Tal vez dirigimos mejor sirviendo.

NUEVO PARADIGMA

Cliente

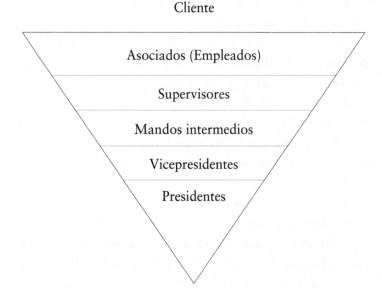

Asociados (Empleados)

Supervisores

Mandos intermedios

Vicepresidentes

Presidentes

—Yo siempre les digo a mis supervisores de departamento —medió la enfermera— que su trabajo es quitar obstáculos, quitar todas las obstrucciones que estorban a su gente en el servicio a los pacientes. Les pido que piensen que están igualando el pavimento de una carretera, quitando los badenes para facilitar el paso a su gente. Me imagino, Simeón, para decirlo en tus palabras, que quitar los obstáculos sería servir a la gente.

—Efectivamente —añadió el pastor—. Por desgracia, hay demasiados ejecutivos que no sólo no quitan los obstáculos, sino que son ellos mismos un obstáculo permanente. Cuando vivía en ese mundo solía referirme a ellos como «ejecutivos gaviota». El ejecutivo gaviota sobrevuela periódicamente el área haciendo mucho ruido, lo caga todo, se puede comer tu almuerzo y luego se va volando. Creo que todos hemos topado con este tipo de ejecutivo alguna vez.

—Mi jefa va incluso más allá —añadió la enfermera—. Según ella, la dirección forma parte de los gastos generales. Dice que nosotros, al acceder a la dirección y dejar de servir café en los aviones, de limpiar orinales, de enseñar a los niños en la escuela o de llevar una carretilla elevadora, ya no contribuimos al valor añadido del producto o servicio en cuestión, sino que estamos por encima, somos parte de los gastos generales.

—No sé qué es peor: si que te llamen «ejecutivo gaviota» o «gastos generales» —respondió el profesor, ahogando unas risas—. Es una vergüenza que tantos líderes pierdan el tiempo ponderando sus derechos como líderes y no sus tremendas responsabilidades como líderes.

—Hasta en las negociaciones con los sindicatos —dije en voz baja—, la empresa y el sindicato pasan a veces infinidad de horas discutiendo sobre el apartado de «Derechos de la Dirección» del convenio. Me contaron una vez que en una empresa de nuestro grupo, un representante sindical acabó vociferando sobre la mesa de negociaciones: «¡Y si le meto unos golpes de izquierda para acompañar sus derechazos!».

—Es hora del servicio de mediodía —dijo Simeón con una sonrisa—. Resumiendo, el líder es alguien que identifica y satisface las legítimas necesidades de su gente y quita todo obstáculo para que puedan servir al cliente. De nuevo, para ser el primero hay que servir.

—¡Baja a la tierra, Simeón! —iba salmodiando a media voz el sargento de camino a la salida.

Después de comer decidí salir a dar un paseo por la playa antes de la sesión de la tarde. Greg me preguntó si podía acompañarme y mentí cortésmente: «Me parece estupendo». El sargento era la última persona con quien me hubiera apetecido salir a dar un paseo.

Tras andar un par de minutos en silencio, me preguntó:

—¿Qué opinas de todo eso del poder frente a la autoridad y estar al servicio de la gente?

—No estoy muy seguro, todavía no me he podido formar una idea.

—Me cuesta trabajo creer que realmente puedan funcionar así las cosas en el mundo real. A mí me suena a chino.

—Pues ya somos dos, Greg —le dije sólo por ser amable.

Pero por segunda vez en menos de cinco minutos estaba mintiéndole. Las palabras del profesor no me resultaban extrañas; había reconocido en ellas la verdad.

Estábamos todos presentes y sorprendentemente silenciosos cuando el reloj dio las dos y empezamos la sesión de la tarde.

Simeón no había dicho todavía ni una palabra cuando el sargento rompió a hablar:

—Sé que se supone que fuiste un buen líder hace años, y eso lo respeto, Simeón. ¡Pero no puedo creer que consiguieras llegar donde llegaste diciéndoles a los supervisores que hicieran lo que los empleados quisieran! Si yo intentara llevar la gestión de una empresa de esa manera que tú propones me encontraría con una anarquía total. Puede que si estuviéramos en un mundo perfecto tuvieras razón, pero hacer lo que la gente quiere no funcionará nunca en este mundo en el que vivimos, amigo.

—Lo siento, Greg —empezó a decir el profesor—, tengo la impresión de que no he dejado claro lo que significa ser servidor. He dicho que los líderes deben identificar y satisfacer las necesidades de la gente, que deben servirles. No he dicho que deban identificar y satisfacer sus deseos, que deban ser esclavos. Los esclavos hacen lo que los otros quieren, los servidores hacen lo que los otros necesitan. Hay una diferencia abismal entre satisfacer deseos y satisfacer necesidades.

—¿Y cómo definirías esta diferencia? —replicó Greg, algo más calmado.

Simeón contestó:

—Si yo fuera padre, por ejemplo, y dejara que mis hijos hicieran absolutamente lo que quisieran, ¿cuántos de vosotros querríais pasar un rato en mi casa? Sospecho que no muchos, porque en mi casa mandarían los chicos, sería una «anarquía», por utilizar tus palabras. Si les doy lo que desean, sin lugar a dudas no les estoy dando lo que necesitan. Los niños y los adultos necesitan límites, un ambiente donde haya normas establecidas y personas a las que se considere responsables. Puede que no deseen tener límites ni tener que dar cuentas, pero necesitan tener límites y responsabilidades. No le hacemos ningún favor a nadie llevando hogares o departamentos indisciplinados. Un líder no debe nunca conformarse con la mediocridad, o con la chapuza: la gente necesita que se la anime a llegar a ser lo mejor posible. Puede que no sea eso lo que desee, pero el líder debería estar siempre más pendiente de las necesidades que de los deseos.

Para mi asombro sentí el impulso de hablar, así que añadí:

—Los empleados de nuestra fábrica quieren ganar todos veinte dólares por hora. Ahora bien, si tuviéramos que pagarles veinte dólares por hora, probablemente el negocio se vendría abajo en unos pocos meses, porque nuestros competidores pueden hacer el vidrio por mucho menos. Así que, al final, habríamos hecho lo que los empleados quieren, pero ciertamente no lo que necesitan, que es que se les proporcione un empleo estable a largo plazo.

El sargento añadió:

—Sí, pues pensad en cómo toman sus decisiones los políticos, basándose en los últimos sondeos de opinión. Me da la impresión de que están dándole a la gente lo que quiere, pero me pregunto si será lo que necesita.

—Pero ¿cómo podemos distinguir claramente entre necesidades y deseos? —preguntó la enfermera.

—Un deseo —explicó el profesor— es simplemente un apetito, una apetencia que no se para a considerar las consecuencias físicas o psicológicas. En cambio, una necesidad es un requisito físico o psicológico para el bienestar de un ser humano.

—¿No es eso un poco engañoso? —cuestionó Kim—. Después de todo, las personas no son iguales, por consiguiente las necesidades tampoco serán iguales. Aunque sospecho que hay ciertas necesidades, como la de ser tratado con respeto, que son universales.

—Estoy de acuerdo, Kim —repliqué de inmediato—. Mi hijo mayor, John, era un niño con mucho carácter, mientras que Sarah, era la hija dócil. No cabe duda de que tienen distintas necesidades y satisfacerlas ha exigido distintos estilos de educación. Esto también es válido para el trabajo. Un empleado nuevo tiene ciertamente un tipo de necesidades distintas de las que tiene el que lleva veinte años en la empresa y conoce su trabajo mucho mejor de lo que yo podría llegar a conocerlo en toda mi vida. Las necesidades varían según las personas, así que supongo que un líder tiene que ser flexible.

El profesor insistió:

—Si el papel del líder consiste en identificar y satisfacer las necesidades de la gente, debemos preguntarnos siempre: «¿cuáles son las necesidades de la gente que dirijo?». Sugiero que hagáis una lista de las necesidades que tiene vuestra gente, en vuestros hogares, en la parroquia, en la escuela, en cualquier lugar en que estéis al mando. Y si os quedáis bloqueados, sólo tenéis que preguntaros: «¿y qué necesidades tengo yo?». Creo que con eso os volveréis a poner en marcha.

—Bueno —dijo Greg—, Chucky, que trabaja llevando una carretilla elevadora, necesita una máquina que funcione bien, herramientas adecuadas, formación, materiales, una paga justa y unas condiciones de trabajo seguras. Con eso debería estar contento.

Simeón replicó:

—Muy buen comienzo, Greg; efectivamente eso cubre de sobra sus necesidades físicas. Pero recuerda que Chucky también tiene necesidades psicológicas que hay que satisfacer. ¿Cuáles pueden ser esas necesidades?

La enfermera, a mi entender la más brillante de los participantes en el retiro, se levantó, se dirigió hacia la pizarra y dibujó otra pirámide. Empezó a decir:

—No puedo creerme lo que estoy haciendo, pero voy a hacer lo que nos ha pedido Simeón, que es hablar porque tengo ganas de hacerlo.

—¡Pelota! —le grité a Kim.

—¡Para ya, John! Me cuesta mucho hacer esto —me replicó con una sonrisa—. En la asignatura de Psicología, en la universidad, nos hablaron de Abraham Maslow y de su jerarquía de las necesidades humanas. Creo que había cinco niveles de necesidades: en el primero estaba la alimentación, el agua y el abrigo; en el segundo escalón, las necesidades de seguridad y protección, y así sucesivamente.

La enfermera se retiró de la pizarra y siguió diciendo:

—Por lo que recuerdo, el nivel más bajo de necesidades tiene que estar satisfecho antes de que las necesidades del nivel siguiente se vuelvan motivadoras. De esta forma, en el escalón más bajo, supongo que pagar un salario justo y un seguro satisface suficientemente las necesidades de alimento, agua y abrigo. El segundo nivel abarca necesidades de seguridad y protección, que podrían traducirse en lo laboral por unas condiciones de trabajo seguras, junto con el establecimiento de límites y normas de los que hablaba antes Simeón. Esto a su vez proporciona coherencia y posibilidad de previsión que, si mal no recuerdo, Maslow consideraba cruciales para satisfacer las necesidades de seguridad y protección. Maslow no era en absoluto partidario de una actitud permisiva por parte de los padres.

JERARQUÍA DE LAS NECESIDADES DE MASLOW

—¡Adelante, Kim! —jaleó Theresa—. ¡Eres un verdadero ejemplo!

Kim hizo una mueca mientras continuaba, algo más relajada:

—En cualquier caso, una vez que esas necesidades han sido satisfechas, lo que se convierte en elemento motivador es la identificación y el amor. Creo recordar que esto incluía la necesidad de formar parte de un grupo saludable en el que poder mantener relaciones sanas y admitidas. Una vez que esas necesidades se ven satisfechas, el siguiente elemento motivador es la autoestima, que incluye la necesidad de ser valorado, tratado con respeto, animado, el reconocimiento, los premios, y todo eso.

—De acuerdo, ahora es cuando te metes en el lío —bromeó el sargento.

—Voy derecha a ello —continuó la enfermera sonriendo—. Una vez satisfechas estas necesidades, lo siguiente es la realización personal, que es bastante difícil definir, aunque definiciones hay muchas. Lo que yo saqué en limpio es que la realización personal consiste en llegar a lo mejor que uno puede ser, o que uno es capaz de llegar a ser. Ser presidente de una compañía, jugar en el mejor equipo nacional o ser el mejor alumno de la promoción no está al alcance de todo el mundo. Pero cada uno de nosotros puede ser el mejor empleado, el mejor jugador o el mejor estudiante, en la medida de nuestras posibilidades. Y, si no me equivoco, lo que Simeón nos está diciendo es que el líder debería empujar y animar a su gente a dar lo mejor de sí misma. Me figuro que Chucky, el de la carretilla elevadora, probablemente no llegará nunca a presidente de la compañía, pero podemos animarle y ayudarle para que sea el mejor conductor de carretillas elevadoras que puede llegar a ser.

—Sé todo lo que puedes ser, eso sí que te suena, ¿verdad, Greggy? —se guaseó el pastor—. ¿No es ese el tema de esa canción del anuncio del Ejército que nos va a volver locos a todos? Creo que deberíamos cantársela a Greg.

Levantamos la sesión cantando a voz en cuello la canción del Ejército mientras desfilábamos por la puerta.

CAPÍTULO TRES

El modelo

El que quiera ser el primero debe antes ser servidor.
Si quieres mandar tienes que servir.

JESUCRISTO

Cuando llegué a la capilla el martes por la mañana, pasaban algunos minutos de las cinco, el profesor estaba sentado esperándome. Me saludó afectuosamente:

—Buenos días, John.

—Siento llegar tarde —respondí, todavía algo atontado—. Pareces estar despierto y lleno de energía. ¿A qué hora sueles levantarte por la mañana?

—A las cuatro menos cuarto, salvo los domingos. Eso me da algún tiempo para centrarme antes del primer oficio.

—Demasiado madrugón para mí —dije sacudiendo la cabeza.

—Bueno, John, dime, ¿qué cosas has aprendido hasta ahora?

—No lo sé, Simeón. La verdad es que Greg me irrita bastante y me resulta difícil concentrarme. Parece que a todo tiene que ponerle pegas. Supongo que debe de ser cosa de su entrenamiento militar, o algo así. ¿Por qué no le das un toque o le pides que se vaya en vez de dejarle que lo líe todo siempre?

—La gente como Greg es una bendición para mis clases.

—¿De veras quieres que te vengan tipos como Greg a clase? —pregunté con total incredulidad.

—Puedes estar seguro de ello. Mi primer mentor en asuntos empresariales me dio una dura lección sobre la importancia de las opiniones contrarias a las nuestras. Yo era un joven vicepresidente de una industria de laminados y tenía cierta tendencia a ser el ejemplo más extremo del típico líder «colega». Había otros dos vicepresidentes, de los que todavía me acuerdo con todo detalle, Jay y Kenny, que eran precisamente del tipo totalmente opuesto; pensaban que la gente era perezosa y poco honrada, y que no había forma de hacerlos trabajar si no se los andaba azuzando todo el día.

—¿Tipo Greg, no?

—No tengo ni idea de lo que Greg piensa, John; lo que sé es que muchas veces las cosas no son lo que parecen. Debemos tener mucho cuidado en no hacer juicios precipitados. Además, Greg no está aquí para defenderse, y yo siempre procuro no hablar mal de los que no están.

—Probablemente es una buena norma de conducta —asentí.

—He intentado, sin éxito muchas veces, vivir de acuerdo con la filosofía de que nunca debemos tratar a la gente de forma distinta a como desearíamos que nos trataran. No creo que nos gustara que se hablara de nosotros a nuestras espaldas, ¿verdad, John?

—Buen punto, Simeón.

—Volvamos a Jay y a Kenny. Yo solía tener unas disputas tremendas con los otros dos vicepresidentes en todas las reuniones en que se trataba de los empleados. Aquellos dos estaban siempre presionando para establecer políticas y procedimientos más duros, y yo siempre luchaba por conseguir un estilo de gestión más democrático, más abierto. Estaba convencido de que Jay y Kenny acabarían arruinando la compañía con su actitud, digna de la era de los dinosaurios. Por su parte, Jay y Kenny estaban convencidos de que yo era un rojo camuflado cuyo objetivo era hundir la compañía. Mi jefe Bill, que además de ser el presidente de la compañía era amigo mío, asistía con paciencia a esas batallas, que a veces eran feroces, y según el caso apoyaba a un bando o a otro.

—Vaya una situación más incómoda para él —sugerí.

—Para Bill no —repuso Simeón—. Bill siempre tuvo muy claros los límites, sobre todo para el negocio. Un día, después de una reunión particularmente acalorada, me acerqué en solitario a Bill y le dije: «¿Por qué no echas a esos dos idiotas a ver si de una vez podemos empezar a tener reuniones civilizadas y agradables?». Me acordaré de su respuesta hasta el día de mi muerte.

—¿Estuvo de acuerdo en echarlos?

—Al contrario, John. Me dijo que echarlos era lo peor que podía hacer nunca por la compañía. Por supuesto, le pregunté el porqué. Me miró fijamente y me dijo: «Porque si te dejara hacerlo a tu manera, Len, hundirías la compañía. Esos tipos son precisamente los que te ayudan a mantener un equilibrio». ¡Me cabreé tanto con Bill que estuve una semana sin dirigirle la palabra!

—Para ponerlo en las palabras que utilizaste ayer, Simeón, Bill te dio lo que necesitabas, no lo que querías, ¿correcto?

Simeón asintió:

—Cuando conseguí superar mi orgullo herido, me di cuenta de que Bill tenía razón. Aunque Jay, Kenny y yo nos peleábamos mucho, nuestras decisiones finales eran generalmente un compromiso bastante equilibrado. Yo necesitaba a aquellos tipos y ellos me necesitaban a mí.

—Mi jefe, que cada día que paso aquí me parece más listo, siempre nos advierte a todos los directivos de la fábrica de no rodearnos de gente como nosotros o de gente de la del «sí» siempre en la boca. Le gusta decir: «Si en las reuniones con vuestra gente estáis los diez de acuerdo en todo, probablemente sobran nueve». Creo que debería atenderle más.

—Parece un hombre prudente, John.

—Sí, supongo que lo es. Por cierto, ¿hay alguna novedad respecto a nuestros desayunos para variar estas sesiones de madrugada en la capilla?

—Me temo que no tengo muy buenas noticias. Anoche el abad vino a mi habitación y me denegó el permiso para comer contigo.

—¿De veras necesitas permiso para comer conmigo? —pregunté sarcásticamente y un poco escocido.

—Sí, como ya te dije el domingo por la mañana, los monjes comen juntos en la zona del claustro. Necesitamos un permiso especial para comer en cualquier otro sitio. Se lo pedí al hermano James y me lo ha denegado. Estoy seguro de que tiene buenas razones para ello.

Yo me había encontrado con el abad cuando me daba un paseo en la pausa del lunes por la tarde. No me había impresionado demasiado, por decirlo suavemente. Habría sido elegido por los monjes para servir de abad veinte años antes, pero a mí me pareció un hombre muy anciano, frágil y algo senil. Y aquí estaba Len Hoffman pidiendo permiso a ese proyecto anciano, ¡para que le dejara desayunar conmigo!... Y por si fuera poco, ¡permiso denegado! Sencillamente no me cabía en la cabeza. Pero, para ser totalmente sincero, tengo que decir que, probablemente, lo que más me fastidiaba era la idea de tener que seguir levantándome a esas horas imposibles de la mañana otros cuatro días más.

En tono condescendiente pregunté:

—Por favor, no lo tomes a mal, pero ¿no crees que es un poco tonto eso de tener que pedir permiso para comer conmigo?

—Probablemente yo también pensaba así al principio —replicó—, pero ahora la verdad es que no me paro mucho en ello. La obediencia, entre otras muchas cosas, es asombrosamente eficaz para ayudarme a desprenderme de la vanidad y del falso ego, elementos que verdaderamente dificultan el crecimiento espiritual si no se controlan.

—Ya veo —asentí, sin entender una palabra de lo que me estaba hablando.

El reloj daba las nueve en punto cuando la directora de escuela levantó la mano.

—Sí, Theresa —respondió Simeón—. ¿Qué quieres decirnos en esta magnífica mañana?

—Anoche durante la cena, tuvimos una conversación muy animada sobre cuál era el mayor líder de todos los tiempos. Se barajaron muchos nombres, pero no fuimos capaces de llegar a un acuerdo. Simeón, ¿cuál crees tú que ha sido el mayor líder de todos los tiempos?

—Jesucristo —fue la respuesta inmediata.

Alcé los ojos y vi a Greg abriendo los suyos como platos y a otro par de participantes que parecían sentirse bastante incómodos.

Theresa continuó:

—Dado que eres cristiano y que has escogido para ti este particular estilo de vida, supongo que es lógico que pienses que Jesucristo fue un buen líder.

—No, no he dicho un buen líder, sino el mejor líder de todos los tiempos —insistió el profesor—. He llegado a esta conclusión por razones que muchos de vosotros no sospecháis siquiera, y la mayoría de ellas son razones de índole práctica.

—¡Por favor! —saltó el sargento—. Vamos a dejar el rollo de Jesús. No he venido aquí para eso. Vine..., no, no vine..., me mandaron, para que aprendiera algo sobre liderazgo.

—¡Greg, por favor! ¿No crees que te estás pasando un poco? —salté yo; y Simeón le preguntó:

—¿Te gustó la definición que dimos de liderazgo hace dos días, Greg?

—Sí, sí, por supuesto; no sé si recordarás que yo también participé en su elaboración.

—Efectivamente, así fue, Greg. Estábamos todos de acuerdo en que el liderazgo era el arte de influir sobre la gente para que trabaje con entusiasmo en la consecución de objetivos en pro del bien común. ¿Correcto?

—Correcto.

—Bueno, pues no sé de nadie, entre los vivos o los muertos, que personifique esa definición mejor que Jesús. Consideremos los hechos. En estos momentos, más de dos mil millones de personas se consideran cristianos. La segunda religión del mundo, numéricamente hablando, el Islam, no tiene ni la mitad de creyentes que el cristianismo. En nuestro país, dos de las vacaciones más importantes, Navidades y Semana Santa, corresponden a acontecimientos de su vida, y hasta nuestro calendario, que se acerca ya al segundo milenio, empieza con el año de su nacimiento. Independientemente de que seas budista, hindú, ateo o de la «Iglesia de lo que está sucediendo ahora», nadie puede negar que Jesús ha influido en la vida de miles de millones de seres humanos, hoy y siempre. No hay ningún otro que pueda comparársele...

—Ya veo lo que quieres decir...

—Y ¿cómo describirías el estilo de gestión, perdón, de liderazgo, de Jesús? —preguntó la enfermera.

El pastor exclamó de repente:

—Acabo de tener aquí una pequeña revelación, y creo que siento el impulso de hablar, así que mejor lo hago. Si mal no recuerdo, Jesús simplemente dijo que para ser el primero, sencillamente había que tener voluntad de servicio. Creo que se podría hablar de liderazgo de servicio. Pero hay que recordar que Jesús no hizo nunca uso de un estilo de poder, porque Él no tenía poder. Herodes, Poncio Pilato, los romanos, esos eran los que tenían el poder. Pero Jesús tuvo una gran influencia, eso que Simeón llama autoridad, y su capacidad de influenciar a la gente llega hasta nuestros días. Él nunca hizo uso del poder, nunca forzó ni coaccionó a nadie para que le siguiera.

—Yo casi preferiría saber cómo te las arreglaste tú para tener tanto éxito como líder —sugirió la entrenadora—. ¿Cómo describirías tu estilo de liderazgo, Simeón?

MODELO DE LIDERAZGO

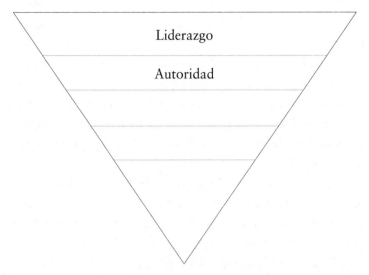

—Tengo que confesar que se lo copié a Jesús, pero estoy encantado de poderlo compartir con vosotros. No me costó nada recibirlo, así que tampoco me cuesta darlo —dijo Simeón riéndose.

Se dirigió a la pizarra y dibujó de nuevo un triángulo invertido, dividido en cinco secciones. En la de más arriba escribió «Liderazgo», mientras iba diciendo:

—Lo que nos interesa es el liderazgo, así que lo pondré arriba del todo. La pirámide invertida simboliza el modelo de liderazgo de servicio. Y veamos, una vez más, ¿cómo definimos el liderazgo, Greg?

—Como el arte —recitó Greg— de influir sobre la gente para que trabaje con entusiasmo en la consecución de objetivos en pro del bien común. Me lo sé ya de memoria.

—Gracias, Greg. Así pues, el liderazgo de largo alcance, el que aguanta la prueba del paso del tiempo, tiene que construirse sobre la autoridad —anunció Simeón, volviendo de la pizarra—. Como decía el otro día —continuó—, se puede aguantar una temporada en el poder, pero con el tiempo, las relaciones humanas se deterioran, así como la influencia que uno ha tenido. ¿Alguien recuerda cómo definimos la autoridad?

La enfermera respondió directamente, sin consultar siquiera sus apuntes:

—Dijiste que es el arte de conseguir que la gente haga voluntariamente lo que tú quieres debido a tu influencia personal.

—Correcto, gracias, Kim. Así pues, ¿cómo podemos lograr una autoridad sobre la gente? ¿Cómo podemos conseguir que la gente se sienta implicada y enteramente comprometida?, ¿en qué se funda la autoridad?

—Jesús dijo que la influencia, la autoridad, se fundan en el servicio —contestó el pastor—. Cuando ayer hicimos el ejercicio de descripción de alguien que nos hubiera guiado con autoridad e influencia, yo elegí a mi mentora y primera jefa. Aquella mujer se ocupó realmente de mí y del desarrollo de mi carrera, incluso creo que más que de la suya. Exactamente como tú decías, Simeón; fue capaz de satisfacer mis necesidades incluso antes de que yo tomara conciencia de que existían. Se puso a mi servicio sin que yo mismo me diera cuenta de ello.

—Gracias, Lee, has dado en el clavo. La autoridad siempre se funda en el servicio y el sacrificio. De hecho, estoy totalmente seguro de que si cada uno de vosotros reflexionara sobre la persona que eligió para ese ejercicio, llegaríais a la conclusión de que todos habéis elegido una persona que, de alguna manera, os prestó un servicio y se sacrificó por vosotros.

Yo pensé inmediatamente en mi madre.

—Pero, realmente, Simeón, y por si no te habías dado cuenta, vivimos en un mundo de poder —insistió el sargento—. ¿Puedes dar un solo ejemplo en que el servicio, el sacrificio y la influencia hayan resultado realmente efectivos, que hayan conseguido realmente que se hicieran cosas en el mundo real?

—Bueno —intervino el pastor—, y ¿qué hay de la vida de Jesús? Consiguió cambiar el mundo sin ejercer ningún poder, sólo con su influencia. De hecho, hace poco di un sermón con este tema. Jesús dijo una vez: «Cuando levanten en alto a este Hombre, vendrán todos los hombres a mí». Estaba describiendo su inmolación, por supuesto. Y verdaderamente muchos fueron los que se acercaron a él como consecuencia de su sacrificio.

—Corta el sermón —replicó el sargento, todo tajante y encendido—. No me vengas con cuentos de hace dos mil años. He preguntado por el mundo real.

—Bueno, pues vamos a fijarnos entonces en algunos ejemplos de este siglo —dijo el profesor—. ¿Os acordáis de aquel hombrecillo de la India? Consiguió llevar a cabo más de una cosa con su autoridad y sin ningún tipo de poder.

—Gandhi —recordó la directora de escuela—. ¡Y tanto que sin ningún tipo de poder! ¡Un gran hombre que no medía más de metro y medio y debía de pesar menos de cincuenta kilos! Gandhi se encontró con que vivía en un país oprimido, de casi trescientos millones de habitantes, que era prácticamente una nación esclavizada bajo el dominio del Imperio británico. Gandhi afirmó tranquilamente que conseguiría la independencia de su pueblo sin recurrir a la violencia. Casi todo el mundo se rio de él, pero él cumplió su palabra.

—¿Y cómo lo consiguió? —preguntó el sargento.

—Gandhi se dio cuenta de que tenía que atraer la atención mundial sobre la India, de forma que otros pudieran empezar a ver lo injusto de aquella situación. Les dijo a sus seguidores que tendrían que sacrificarse en el servicio a la causa de la libertad, pero que gracias a ese sacrificio podrían empezar a tener influencia sobre la opinión mundial que estaba pendiente de ellos. Les dijo a sus seguidores que tendrían que padecer dolor y sufrimiento en esta guerra no violenta de desobediencia civil, como en cualquier otra guerra. Pero estaba convencido de que no podían perderla. Él mismo prestó grandes servicios y tuvo que hacer grandes sacrificios por la causa. Fue hecho prisionero y apaleado por sus acciones de desobediencia civil. Se sometió a ayunos terribles para llamar la atención sobre la situación de la India. Sirvió a la causa de la libertad de su país y se sacrificó por ella hasta que el mundo le hizo caso. Finalmente, en 1947, el Imperio británico no sólo concedió la independencia a la India, sino que recibió a Gandhi en Londres con honores de héroe. Y todo esto consiguió hacerlo sin recurrir a las armas, a la violencia ni al poder. Lo hizo gracias a su capacidad de influencia.

—Y no olvidemos a Martin Luther King —terció la entrenadora—. Hice mi tesis sobre él en la universidad. Muchos ignoran que King fue a la India a finales de los años cincuenta para estudiar los métodos de Gandhi. Lo que aprendió allí determinó absolutamente su estrategia de los años sesenta en el movimiento a favor de los derechos civiles.

—Yo era una mocosa en esa época —comentó la enfermera—, pero me enteré de que en aquella época, en los estados sureños, la gente de color sólo podía sentarse en la parte trasera de los autobuses, de que tenían una sección reservada en los restaurantes, es decir, en aquellos que consentían en atenderlos, de que sólo podían beber de las fuentes «de color» y de que tenían que aguantar humillaciones aún más duras. Me resulta casi imposible de creer que este tipo de discriminación haya existido realmente en este país.

El sargento dijo a media voz:

—¡Y eso cien años después de la Guerra Civil! Menuda guerra, estadounidenses contra estadounidenses... Aunque parezca mentira, perdimos más compatriotas en esa guerra que en todas las otras juntas.

La enfermera añadió:

—Y, sin embargo, tanto poder, tanta sangre y tanto sufrimiento en aquella guerra no pudieron evitar el hecho de que cien años más tarde, si entraba una persona de raza blanca en el autobús y todos los asientos estaban ocupados, una persona de color tenía que levantarse y pasar al fondo.

—El Dr. King —continuó Chris— reconocía que él no tenía tampoco poder para hacer nada al respecto. Pero, al igual que Gandhi, King pensaba que mediante el servicio y el sacrificio por la causa podía conseguir llamar la atención de la nación sobre las injusticias que las personas de color estaban padeciendo. Algunos trataron de luchar contra el poder con poder: Malcolm X, los Panteras Negras, etc. Pero el poder engendra poder, y cuando intentaron ejercerlo sobre el hombre blanco, se encontraron con que tenía algún poder y podía volverlo contra ellos. El genio del Dr. King consistió en que aseguró que podía conseguir los derechos civiles para la gente de color sin recurrir a la violencia. Y también hubo mucha gente que se rio de él.

La directora de escuela dijo:

—El de King tampoco fue un camino fácil. Le amenazaron de muerte no se sabe cuántas veces, también amenazaron a su familia, estuvo en la cárcel por desobediencia civil, y llegaron a lanzar bombas incendiarias contra su casa y su iglesia.

—Y hay que ver la de cosas que consiguieron el Dr. King y el Movimiento por los Derechos Civiles en unos pocos años —intervino la entrenadora—. El Dr. King fue el Premio Nobel más joven de toda la historia. Fue el «Hombre del año» de la revista *Time* y el primer afroamericano que lo conseguía. Se aprobó la legislación más avanzada en lo tocante a derechos civiles: la *Civil Rights Act* de 1964, que todavía está vigente. Se ratificó la 24.ª enmienda a la Constitución, que declaró ilegal el gravamen de impuestos para ejercer el derecho de voto; se aprobó la *Federal Voting Rights Act*, que prohíbe la prueba de alfabetización, y, por primera vez, entró en el Tribunal Supremo un hombre de color.

La enfermera añadió:

—Y la gente de color ya no tuvo que sentarse en la parte trasera de los autobuses, ni beber de las fuentes «de color», y pudo sentarse en la barra en las cafeterías. Es increíble lo que consiguió King sin recurrir al poder.

Tras unos momentos de silencio, el pastor comentó a media voz:

—Se me acaba de ocurrir algo... Johnny Carson comentó una vez que había una sola persona en el mundo sobre la que nunca podría hacer un chiste. Dijo que era la Madre Teresa, Teresa de Calcuta, porque nadie se reiría nunca de un chiste sobre la Madre Teresa. Bueno, pues decidme, ¿por qué no se iba a reír nadie de un chiste sobre Teresa de Calcuta?

Contestó la entrenadora:

—Estoy segura de que tiene algo que ver con la enorme influencia que tiene la Madre Teresa en nuestro país y en el mundo entero.

—Y ¿de dónde piensas que procede tanta autoridad? —continuó el pastor.

—Esa mujer servía a los demás —contestó simplemente la enfermera.

Me sentí impulsado a intervenir:

—Y pensad en el afecto que sienten los hijos por sus madres. Ya conocéis el «mamá no puede hacer nada malo». Tú insulta a la madre de cualquiera y verás. Yo habría hecho cualquier cosa por mi madre. Si me paro a reflexionar sobre ello, me doy cuenta de que esa influencia se daba porque mamá se la había ganado. Mamá servía.

Antes de que el reloj empezara a dar la hora de la sesión de la tarde, el sargento volvió a la carga.

—Entiendo que la autoridad, la influencia, se funda en el servicio, incluso en el sacrificio por los otros. Pero ¿cómo se traduce eso al mundo del trabajo o al de la vida familiar? ¿Qué se supone que tengo que hacer yo, clavarme a las agujas del reloj, ayunar todos los días, buscar leprosos en el vecindario, hacer una sentada frente al Ayuntamiento? Lo siento, pero no acabo de ver cómo puede aplicarse todo eso a la vida real.

—Gracias por confesar tu desconcierto, Greg —replicó el profesor—. Estoy seguro de que no eres el único. Antes de comer, estuvimos hablando de algunos ejemplos históricos de autoridad para ilustrar este tema. Pero, la buena noticia es que estamos forjando nuestra autoridad cada vez que servimos a los demás y nos sacrificamos por ellos. Recordad: el papel del líder es servir, es decir, identificar las necesidades legítimas de los demás y satisfacerlas. En este proceso, nos veremos con frecuencia llamados a hacer sacrificios por aquellos a los que servimos.

—Tienes razón, Simeón —asintió la directora de escuela—, tiene todo el sentido que la autoridad se funde en el servicio y el sacrificio. No es más que la Ley de la Cosecha, cualquier campesino la conoce. Se recoge lo que se siembra. Si tú me sirves, yo te serviré. Si tú estás dispuesto a cualquier cosa por mí, yo estaré dispuesto a cualquier cosa por ti. Lo que quiero decir es que, si nos paramos a pensarlo, cuando alguien nos hace un favor, nos sentimos automáticamente en deuda con él, ¿no? No hace falta ser vidente ni científico para darse cuenta de ello.

El profesor se dirigió a la pizarra diciendo:

—¿Lo ves ahora más claro, Greg?

—Sigamos adelante y ya veremos... —contestó el sargento agresivamente.

Simeón señaló a la pizarra.

—En suma, hemos dicho que el liderazgo que perdura en el tiempo debe estar fundado en la influencia o autoridad. La autoridad siempre se funda en el servicio, o en el sacrificio por aquellos que dirigimos, y que a su vez consiste en la identificación y satisfacción de sus legítimas necesidades. Bien, pues, ¿en qué pensáis que se fundan el servicio y el sacrificio?

—En esforzarse, y mucho —apuntó el pastor.

—Exacto —sonrió Simeón—, pero me gustaría utilizar la palabra «amar», si todo el mundo está de acuerdo.

MODELO DE LIDERAZGO

Pensé que al sargento le iba a dar un infarto allí mismo con la mención del amor, pero no dijo ni una palabra.

Como no era yo el único que se rebullía incómodo en el asiento, me decidí a hacer la pregunta:

—Lo siento, Simeón, pero ¿a qué viene la palabra amor en todo esto?

—Sí, sí —añadió la entrenadora—, como dice Tina Turner en su canción, ¿qué tiene que ver el amor con esto?

El profesor no se arredró.

—La razón de que a menudo nos sintamos incómodos con esta palabra, especialmente en el ámbito de los negocios, estriba en que tendemos siempre a pensar en el amor como en un sentimiento. Cuando yo hablo de amar, no estoy hablando de un sentimiento. Mañana dedicaremos un buen rato a discutir esta palabra, que es muy importante. Pero, de momento, baste con decir que cuando hablo de amar, me estoy refiriendo a un verbo que describe un comportamiento, y no a un sustantivo que describe sentimientos.

La directora de escuela dijo:

—Tal vez te refieres a que «obras son amores»…

—Eso está perfectamente expresado, Theresa —convino Simeón—. Es más, me quedo con ello para sacarlo más adelante. Obras son amores... Eso es exactamente lo que quería decir.

—Y ¿puede saberse en qué se funda ese amor? —gruñó el sargento—. No puedo esperar a ver de qué va esto.

El profesor fue a la pizarra y escribió una sola palabra:

VOLUNTAD

—El amor se funda siempre en la voluntad. De hecho, puedo definiros esta palabra tal como la formuló Ken Blanchard, autor de un pequeño gran clásico, *El ejecutivo al minuto*. Ahí va la primera mitad de la fórmula, ¿estáis preparados?

—Tenemos los cinco sentidos en ello —resopló el sargento.

Simeón fue hasta la pizarra y escribió:

INTENCIONES – ACCIONES = CORTEDAD

—Intenciones menos acciones igual a cortedad. Las mejores intenciones del mundo reunidas no valen nada si no van seguidas de acciones —explicó el profesor.

El pastor comentó:

—Yo les digo con frecuencia a mis parroquianos que el infierno está empedrado de buenas intenciones.

Afortunadamente el sargento hizo caso omiso de este comentario.

El profesor continuó:

—Me he pasado toda la vida oyendo a la gente decir que sus empleados eran su más valioso capital. Pero sus actos desmentían sistemáticamente esta afirmación. Cuanto más viejo me hago, menos caso hago de lo que la gente dice y más me fijo en lo que la gente hace. La gente habla mucho, pero muchas veces habla por hablar. Las verdaderas diferencias sólo se aprecian en los actos.

MODELO DE LIDERAZGO

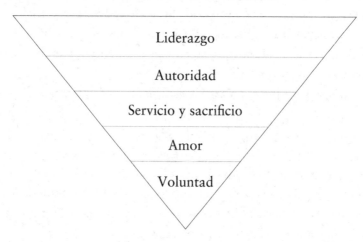

—Simeón, he estado pensando —empezó a decir la entrenadora— que estamos hoy aquí, en lo alto de la montaña, en unos parajes preciosos, casi a punto de darnos las manos y cantar unos versos del «Kum Ba Yah». Aquí arriba hablamos de teorías, pero pronto tendremos que bajar de nuevo al valle, donde las cosas no suelen ser tan sencillas ni tan agradables. Aplicar estos principios allá abajo no va a ser nada fácil.

—Tienes toda la razón, Chris —confirmó el profesor—. El verdadero liderazgo es difícil y requiere mucho esfuerzo. Estoy seguro de que estaréis de acuerdo en que poco valen nuestras intenciones si no van seguidas de acciones consecuentes. Esa es precisamente la razón de que la «voluntad» sea el vértice del triángulo. Y ahora, ahí va la segunda parte de nuestra fórmula:

INTENCIONES + ACCIONES = VOLUNTAD

—Intenciones más acciones igual a voluntad —continuó Simeón—. Sólo cuando nuestras acciones son consecuentes con nuestras intenciones nos convertimos en gente consecuente y en líderes consecuentes. Así pues, este es el modelo de liderazgo con autoridad.

Pasaron unos minutos antes de que la enfermera rompiera el silencio.

—Déjame ver si soy capaz de resumir lo que hemos aprendido, Simeón. El liderazgo empieza con la voluntad, que es la única capacidad que, como seres humanos, tenemos para que nuestras acciones sean consecuentes con nuestras intenciones y para elegir nuestro comportamiento. Con la voluntad adecuada, podemos elegir amar, verbo que tiene que ver con identificar y satisfacer las legítimas necesidades, no los deseos, de aquellos a los que dirigimos. Al satisfacer las necesidades de los otros, estamos llamados, por definición, a servirles e incluso a sacrificarnos por ellos. Cuando servimos a los otros y nos sacrificamos por ellos, estamos forjando nuestra autoridad o influencia, por la «Ley de la Cosecha» como decía Theresa. Y cuando forjamos nuestra autoridad sobre la gente, entonces es cuando nos ganamos el derecho a ser llamados líderes.

Yo estaba asombrado de lo brillante que era esa mujer.

—Gracias por tu resumen, Kim —dijo el profesor—. Desde luego, yo no lo habría hecho mejor. Así pues, ¿quién es el mayor líder? El que más ha servido. Otra interesante paradoja.

—A mí me parece —comentó muy excitada la directora de escuela— que el liderazgo puede concretarse en una sencilla descripción de tareas que cabe en cinco palabras: «identificar y satisfacer las necesidades».

Hasta el sargento iba asintiendo con la cabeza cuando dimos por terminada la sesión de la tarde.

CAPÍTULO CUATRO

El verbo

*Mis jugadores y mis asociados no tienen
por qué gustarme, pero como líder tengo que amarlos.
El amor es lealtad, el amor es espíritu de equipo,
el amor respeta la dignidad del individuo.
En esto consiste la fuerza de cualquier organización.*

Vince Lombardi

Eran las cuatro en punto del miércoles por la mañana y me encontré con que estaba completamente despierto en la cama, mirando fijamente al techo. Aunque ya había pasado casi la mitad de la semana, me daba la impresión de que acababa de llegar. Por mucho que me fastidiara el sargento, en general estaba muy impresionado por la altura de mis compañeros de retiro y me parecía que las lecciones eran enriquecedoras, el sitio bellísimo y la comida estupenda.

Más que nada estaba intrigado con Simeón. Era un maestro en el arte de la discusión en grupo y sabía extraer verdaderas gemas de sabiduría de cada uno de los participantes. Los principios que discutíamos eran tan sencillos que hasta un niño hubiera podido entenderlos, pero a la vez tan profundos que me podían tener una noche en vela.

Siempre que le hablaba, Simeón parecía beberse mis palabras, y eso me hacía sentirme apreciado e importante. Tenía una destreza especial para entender las situaciones, para apartar la hojarasca e ir directamente al meollo de la cuestión. Nunca reaccionaba a la defensiva cuando le ponían en cuestión, y yo estaba convencido de que era el ser humano más seguro de sí mismo que había conocido en toda mi vida. Le estaba agradecido de que no tratara de imponerme temas religiosos u otro tipo de creencias, pero en ese aspecto tampoco se puede decir que tuviera una actitud pasiva. Yo siempre sabía cuál era su parecer sobre las cosas. Tenía un natural afable y seductor, una sonrisa siempre en los labios y un brillo en los ojos que comunicaba una auténtica alegría de vivir.

Pero ¿qué se suponía que yo tenía que aprender de Simeón? Mi sueño de siempre seguía fastidiándome, «¡Encuentra a Simeón y escúchale!». ¿Habría alguna razón específica o algún propósito para mi estancia en aquel lugar, tal como habían sugerido Rachael y Simeón? Y de ser así, ¿cuál sería?

Me quedaba ya poco tiempo de estancia y me prometí a mí mismo que extremaría mi diligencia para intentar sonsacar a Simeón, a ver si conseguía una respuesta.

El profesor estaba sentado solo en la capilla cuando llegué —con diez minutos de antelación— aquel miércoles por la mañana. Tenía los ojos cerrados y parecía estar meditando, así que tomé asiento a su lado sin hacer ruido. Con aquel hombre ni siquiera se me hacía raro estar así sentado en silencio.

Pasaron unos cuantos minutos antes de que se diera la vuelta hacia mí y me dijera:

—¿Qué has aprendido aquí, John?

Intenté encontrar alguna respuesta y dije lo primero que me vino a la cabeza.

—Me quedé fascinado con tu modelo de liderazgo de ayer; me parece impecable.

—El modelo no es mío, ni las ideas tampoco —me corrigió el profesor—. Lo he tomado prestado de Jesús.

—Ah, sí, Jesús —dije, revolviéndome incómodo en el asiento—. Creo que deberías saber, Simeón, que yo no soy lo que se dice muy religioso.

—Por supuesto que sí —dijo amablemente, como si no hubiera duda.

—Apenas me conoces, Simeón. ¿Cómo puedes decir eso?

—Porque todo el mundo tiene una religión, John. Todos tenemos algún tipo de creencia sobre la causa, la naturaleza y el propósito del universo. Nuestra religión es sencillamente nuestro mapa, nuestro paradigma, las creencias que responden a las difíciles preguntas existenciales. Preguntas como: ¿Cómo surgió el universo? ¿Es el universo un lugar seguro o es un lugar hostil? ¿Por qué estoy aquí? ¿Es el universo mero fruto del azar o existe un propósito mayor? ¿Hay algo después de la muerte? Quien más, quien menos, todos hemos pensado sobre estos temas. Incluso los ateos son gente religiosa, porque ellos también tienen respuestas a estas preguntas.

—Probablemente no le dedico mucho tiempo a los asuntos espirituales. Yo me he limitado siempre a asistir a la iglesia local luterana, como hicieron mis padres, porque pensaba que era lo que había que hacer.

—Recuerda lo que dijimos en clase, John. Todo en la vida está relacionado, a la vez verticalmente, con Dios, y horizontalmente, con tu prójimo. Cada uno de nosotros tiene que tomar una serie de determinaciones respecto a esas relaciones. Hay un viejo dicho que reza: «Dios no tiene nietos», y para mí, eso significa que no se puede desarrollar ni mantener una relación con Dios, ni por consiguiente con nadie, mediante intermediarios, dogmas o religiones de segunda mano. Para que las relaciones crezcan y maduren hay que poner mucho cuidado en alimentarlas y desarrollarlas. Cada uno de nosotros tiene que tomar decisiones sobre qué es lo que cree y qué significado tienen esas creencias en su vida. Alguien dijo una vez que cada uno de nosotros tiene que hacerse sus propias creencias del mismo modo que cada uno tiene que hacerse su propia muerte.

—Pero, Simeón, ¿cómo se supone que puedes saber en qué tienes que creer? ¿Cómo se supone que tienes que saber dónde está la verdad? Hay tantas religiones, tantas creencias entre las que escoger…

—Si de veras estás pidiendo encontrar la verdad, si de veras intentas dar con ella, John, estoy convencido de que encontrarás lo que buscas.

Nada más sonar las nueve, el profesor empezó:

—Como os dije ayer, nuestro tema de hoy es el amor. Ya sé que puede resultar algo incómodo para algunos de vosotros.

Miré de reojo al sargento; esperaba casi tener ocasión de presenciar en directo un episodio de combustión humana espontánea, pero aparentemente no había indicios de llamas ni de humo.

Pasados unos momentos de silencio, Simeón continuó.

—Chris preguntó ayer: «¿Qué tiene que ver el amor con esto?». Para entender el liderazgo, la autoridad, el servicio y el sacrificio, es de gran ayuda el haberse enfrentado primero a esta importantísima palabra. Empecé a entender el significado real de la palabra amor hace muchos años, cuando estaba todavía en la universidad. En aquella época era un especialista en filosofía y, aunque pueda pareceros asombroso, era además un verdadero ateo.

—¡Ya no me queda nada por oír! —saltó Greg—. ¿Don Monje Reencarnado en persona, un no creyente? Pero ¿cómo puede ser eso, hermano?

Simeón contestó riéndose:

—Pues mira, Greg, yo había estudiado todas las grandes religiones y ninguna de ellas me parecía muy convincente. El cristianismo, por ejemplo. De veras que yo trataba de entender lo que Jesús quería decir, pero Él seguía insistiendo en la palabra «amor». Jesús nos dijo «ama a tu prójimo», y vale, eso podía ser, en el caso en que el prójimo en cuestión fuera un buen vecino. Pero para poner las cosas aún más difíciles, Jesús insistía en «ama a tu enemigo». Para mí, aquello era el colmo del disparate. ¿Amar a Adolph Hitler? ¿Amar a la Gestapo? ¿Amar a un asesino en serie? ¿Cómo se podía pedir a la gente que se fabricara una emoción como la del amor? Sobre todo cuando se trataba de gente tan poco amable... Para decirlo en palabras tuyas, Greg, «como no sea en otra vida, muchacho...».

—¡Ahora nos entendemos! —graznó el sargento.

—Luego llegó un momento en que mis paradigmas sobre el amor y la vida dieron un cambio radical. Una noche salí al bar de la esquina a tomar unas cervezas con mis compañeros. Uno de los profesores de lengua, que solía frecuentar el local, se acercó a nosotros, y pronto la conversación derivó hacia el tema de las grandes religiones del mundo y, en algún momento, se habló del cristianismo. Yo dije algo así como: «Sí, ya, ama a tus enemigos. Tiene chiste. ¡Como si yo tuviera la obligación de querer al asesino del hacha!» El profesor me paró en seco y dijo que yo malinterpretaba las palabras de Jesús, aunque a mí me parecían clarísimas. Me explicó que, en inglés, asociamos generalmente *love*, amor o amar, con un sentimiento o una emoción: *I love my house*, me gusta mi casa; *I love my dog*, quiero a mi perro; *I love my booze*, me encanta beber. En inglés, siempre que algo resulte grato, se puede utilizar el verbo *love*, amar. Generalmente, sólo asociamos el amor con emociones agradables.

—Eso es verdad, Simeón —asintió la directora de escuela—. De hecho, anoche, anticipándome al tema de hoy, estuve en la biblioteca y busqué la palabra *love* en el diccionario. Había cuatro definiciones, son las siguientes: uno, fuerte sentimiento de afecto; dos, apego cariñoso; tres, atracción fundada en impulsos sexuales, y cuatro, cero puntos en tenis.

—¿Ves lo que quiero decir, Theresa? La definición del amor en inglés es bastante restringida y casi siempre implica emociones agradables. El profesor de lengua me explicó que gran parte del Nuevo Testamento fue escrito originalmente en griego, una de sus especialidades, y me informó de que los griegos tenían distintas palabras para describir el polifacético fenómeno del amor. Si mal no recuerdo, una de esas palabras era *eros*, de la cual deriva la palabra «erótico», y significa el sentimiento fundado en la atracción sexual. Otra palabra griega para el amor era *storgé*, que es el afecto, especialmente el que se siente hacia los miembros de la familia. Ni *eros* ni *storgé* aparecen en el Nuevo Testamento. Otra palabra griega para el amor era *filia*, o el amor fraternal, recíproco: ese amor condicional del tipo: «si tú me tratas bien, yo te trato bien». Filadelfia, la ciudad del amor fraterno, viene de la misma raíz. Finalmente, los griegos utilizaban el nombre *agápe* y su correspondiente verbo *agapáo* para describir un amor de tipo incondicional, fundado en el comportamiento con los demás, independientemente de sus méritos. Es el amor de la elección deliberada. Cuando Jesús habla de amor en el Nuevo Testamento, la palabra que aparece es *agápe*, el amor del comportamiento y la elección, no el amor de la emoción.

—Si te paras a pensarlo —añadió la enfermera—, no tiene mucho sentido que te pidan que tengas una emoción o un sentimiento por alguien. Así que por lo que se ve, Jesús no quiso decir que tengamos que pretender que la mala gente no es mala gente si realmente lo es, ni que tengamos que sentirnos bien con gente que actúa de forma despreciable. Lo que está diciéndonos es que tenemos que comportarnos bien con ellos. Nunca lo había considerado desde ese punto de vista.

La entrenadora tomó el relevo:

—¡Por supuesto! Puede que los sentimientos del amor sean el lenguaje del amor o la expresión del amor, pero esos sentimientos no son el amor. Como dijo Theresa ayer, «obras son amores...».

—Bien pensado —dije yo—, probablemente..., no, probablemente no, con toda seguridad, hay momentos en que yo no le gusto mucho a mi mujer. Pero, a pesar de ello, ahí sigue. Puede que yo no le guste, pero sigue amándome con sus actos y su compromiso.

—Sí —añadió el sargento para sorpresa de todos los presentes—, la de veces que he oído a tipos contarme que están enamoradísimos de sus mujeres, ¡sentados en la barra de un bar mientras intentan ligarse a otras! Y a padres dando la lata sobre lo mucho que quieren a sus hijos, pero que no son capaces de encontrar cinco minutos al día para estar con ellos. Y tengo muchos compañeros en el ejército que siempre les dicen a las chicas lo mucho que las quieren cuando lo único que quieren es irse a la cama con ellas. Así que decirlo o sentirlo sólo no basta, ¿no?

—Creo que lo has entendido, Greg —dijo el profesor sonriendo—. No siempre puedo controlar mis sentimientos hacia los demás, pero lo que sí puedo controlar es mi comportamiento hacia los demás. Los sentimientos como vienen se van, y... ¡a veces también dependen de cómo nos ha sentado una comida! Puede que mi prójimo no sea especialmente agradable y puede que a mí no me guste mucho, pero, aun así, puedo ser paciente, honrado y respetuoso con él, aunque él no se porte bien.

—Creo que en esto ya no te sigo, hermano Simeón —intervino el pastor—. Yo siempre he creído, o al menos ese es mi paradigma, que cuando Jesús dijo que había que «amar al prójimo» se estaba refiriendo a que había que tener sentimientos personales positivos hacia el prójimo.

—Ese es el Jesús blandengue que habéis fabricado los predicadores para atontar a la gente —se burló el sargento—. Como ha dicho la enfermera, ¿cómo puedes decirle a alguien lo que tiene que sentir por otra persona? Lo de tener un buen comportamiento con alguien, pase, pero ¿lo de los buenos sentimientos hacia cualquier idiota?, ¡ni hablar!

—¿No puedes evitar ser tan sumamente grosero siempre con todo el mundo? —dije, casi gritando.

—Digo las cosas como son, amigo.

—Sí, sólo que suele ser a costa de alguien —repliqué, pero Greg se limitó a encogerse de hombros.

El profesor se dirigió a la pizarra y escribió:

AMOR Y LIDERAZGO

—En la Biblia, el Nuevo Testamento nos da una espléndida definición del amor como *agápe*, muy ilustrativa del tema que nos ocupa. Es un pasaje que vuestros hijos podrían enmarcar y colgar en la pared de sus habitaciones. Aquí, en Agape Press, es un verdadero *best-seller*. Era uno de los pasajes favoritos de Abraham Lincoln, Thomas Jefferson y Franklin Delano Roosevelt. Suele leerse casi siempre en las bodas cristianas. ¿Alguien sabe a qué texto me refiero?

—Sí, claro —respondió la entrenadora—, al versículo de «el amor es paciente, es afable...», ¿no?

—Exacto, Chris —continuó Simeón—, capítulo 13 de la «Primera carta a los Corintios». El texto viene a decir que el amor es paciente, es afable, no es jactancioso ni engreído, no es grosero, no busca lo suyo, no lleva cuentas del mal, no se regocija con la injusticia, sino con la verdad, todo lo sufre, todo lo soporta. El amor no falla nunca. ¿Os resulta familiar esta lista de cualidades?

Yo comenté:

—Me suena a la lista de cualidades del líder que hicimos el domingo pasado, ¿no?

—Se le parece mucho, ¿verdad, John? —replicó el profesor sonriendo—. Si resumimos esta lista en sus puntos principales, el amor es: paciencia, afabilidad, humildad, respeto, generosidad, indulgencia, honradez y compromiso —Simeón fue escribiendo estas palabras en la pizarra—. Bien, ¿dónde veis aquí un sentimiento?

—A mí me parece que son todos comportamientos —replicó la entrenadora.

—Someto a vuestra consideración el hecho de que la espléndida definición del amor como *agápe*, escrita hace casi dos mil años, es también una espléndida definición del liderazgo en nuestros días.

—Así que el amor como *agápe* y el liderazgo son sinónimos. Qué interesante... —el pastor pensaba en voz alta—. No sé si sabéis que en la antigua versión de la Biblia del rey Jacobo, *agápe* se tradujo por la palabra *charity*, caridad. Caridad o servicio son mejores definiciones de *agápe* que amor, tal como lo solemos entender.

El profesor se volvió hacia la pizarra y escribió, en paralelo a la lista de las cualidades para el liderazgo del domingo, los puntos de la definición de *agápe*.

AUTORIDAD Y LIDERAZGO	AMOR COMO *AGÁPE*
• Honrado, digno de confianza	• PACIENCIA
• Ejemplar	• AFABILIDAD
• Pendiente de los demás	• HUMILDAD
• Comprometido	• RESPETO
• Atento	• GENEROSIDAD
• Exige responsabilidad a la gente	• INDULGENCIA
• Trata a la gente con respeto	• HONRADEZ
• Anima a la gente	• COMPROMISO
• Actitud positiva, entusiasta	
• Aprecia a la gente	

Simeón continuó:

—Después del descanso, me gustaría pedirle a Theresa que traiga el diccionario de la biblioteca para poder definir mejor estos comportamientos. Creo que el resultado puede llegar a sorprender a más de uno. ¿Os parece bien?

—¿Tenemos otra opción? —preguntó el sargento.

—Siempre tenemos otra opción, Greg —contestó con firmeza el profesor.

La directora de escuela, con el diccionario abierto sobre su regazo, estaba ya dispuesta.

—Simeón, he buscado la primera palabra, paciencia, y la define como «mostrar dominio de uno mismo ante la adversidad».

El profesor escribió la definición:

Paciencia — mostrar dominio de uno mismo

—¡Dios me dé paciencia, y en este mismo instante! —dijo el profesor con una sonrisa—. ¿Os parece la paciencia, la manifestación del dominio de uno mismo, una cualidad importante para un líder?

Habló primero la entrenadora:

—El líder debe dar ejemplo de comportamiento para los jugadores, los niños, los empleados o para cualquiera que esté bajo su mando. Si el líder se pone a gritar o muestra cualquier otra forma de falta de dominio de sí mismo, está claro que no se puede esperar que el equipo se controle o se comporte con responsabilidad.

—También es importante —añadió la enfermera— que se constituya un entorno en el cual la gente tenga la seguridad de que si comete un error no va a tenérselas que ver con un chalado que le va a montar un pollo tremendo. Si a un niño que está aprendiendo a andar le pegas cada vez que se cae, no creo que llegue a interesarse mucho por conseguirlo, ¿verdad? Probablemente pensará que es mucho más prudente conformarse con gatear, agachar la cabeza y no arriesgarse. Pues yo conozco a muchos empleados a los que se ha intimidado y a los que les pasa exactamente lo mismo.

—Ah, ahora lo entiendo —dijo el sargento en tono afectado—, si mis hombres no dan una a derechas, lo que tengo que hacer es, sencillamente, deshacerme en amabilidades y no enfadarme. Seguro que así consigo que hagan lo que tienen que hacer.

—Creo que eso no es en absoluto lo que estamos diciendo, Greg —se defendió la directora de escuela—. El líder tiene la responsabilidad de exigir responsabilidades a su gente. Hay muchas formas de respetar la dignidad de la gente sin pasar por alto sus deficiencias.

Me sorprendí a mí mismo diciendo:

—Hay que tener siempre presente, especialmente en nuestras empresas, que estamos tratando con voluntarios y que, además, resulta que son adultos. No son esclavos, ni animales que tengamos derecho a apalear. Como líderes, nuestro trabajo consiste en señalar cualquier desajuste que pueda darse entre el estándar establecido y el trabajo realizado, pero no hay por qué darle un cariz emocional. El líder puede decidir dárselo, pero no tiene por qué ser así.

El pastor aprovechó mis comentarios:

—La palabra «disciplina», «disciplinar», viene de la misma raíz que «discípulo», y significa enseñar o entrenar. El objetivo de cualquier acción disciplinaria debe ser corregir o cambiar un comportamiento, entrenar a la persona, no castigarla. Una disciplina puede ser progresiva: primer aviso, segundo aviso y, finalmente, «no estás ya en el equipo». John tiene razón, ninguno de esos pasos tiene por qué tener un cariz emocional.

—Sigamos adelante —propuso la entrenadora—. ¿Cómo define el diccionario «afabilidad», Theresa?

Theresa hojeó un momento el diccionario antes de contestar:

—Afabilidad significa «prestar atención, apreciar y animar».

—Simeón lo escribió:

Afabilidad — prestar atención, apreciar y animar

El profesor explicó a continuación:

—Como la paciencia y todos los demás rasgos de carácter que estamos discutiendo, la afabilidad tiene que ver con cómo actuamos, no con cómo sentimos. Tomemos por ejemplo la palabra atención, para empezar. ¿Por qué es tan importante el tomarse el trabajo de prestar atención a los otros para un líder?

—Por lo que aprendimos del Efecto Hawthorne —me oí decir a mí mismo.

—¿Y puede saberse qué es eso del Efecto Hawthorne, John? —me preguntó el sargento en tono burlón.

—Por lo que puedo recordar, Greg, hubo hace unos años un investigador en Harvard, Mayo creo que se llamaba, que quiso demostrar en una fábrica de la Western Union en Hawthorne, New Jersey, que existía una relación directa entre la mejora de la productividad y la mejora de las condiciones ambientales de los trabajadores. Uno de los experimentos consistía simplemente en aumentar la iluminación en el interior de la planta: se registró de inmediato un aumento de la productividad. Continuando con el estudio sobre condiciones ambientales de los trabajadores, en la etapa siguiente los investigadores disminuyeron la iluminación, para no mezclar variables. ¿Y sabes qué pasó con la productividad de los trabajadores?

—Volvió a bajar, por supuesto —dijo el sargento con voz de aburrimiento.

—No, Greg, ¡la productividad aumentó de nuevo! Así pues, lo que provocaba el aumento de la productividad no tenía que ver con la intensidad de la iluminación, sino con el hecho de que hubiera alguien que estuviera pendiente de los trabajadores. Este fenómeno se llamó a partir de entonces el Efecto Hawthorne.

—Gracias por tu aportación, John —dijo el profesor—. Me había olvidado de esta historia. Lo importante era prestar atención a la gente. Y he llegado a pensar que la mejor forma de prestar atención a la gente es, con mucho, escucharles activamente.

—¿Qué quieres decir exactamente con «escucharles activamente», Simeón? —preguntó la enfermera.

—Mucha gente da por sentado, de forma equivocada, que escuchar es un proceso pasivo consistente en estar silenciosos mientras el otro habla. Puede que pensemos incluso que sabemos escuchar, pero con frecuencia, nos estamos limitando a escuchar selectivamente, haciendo juicios sobre lo que se está diciendo y pensando en cómo dar por terminada la conversación o en cómo llevar la conversación por otros derroteros que nos parecen preferibles.

La directora de escuela apuntó:

—¡Will Rogers dijo en una ocasión que si no supiéramos cuándo nos toca hablar, nadie escucharía!

Simeón asintió sonriente.

—Somos capaces de pensar casi cuatro veces más deprisa de lo que los otros pueden hablar. Por consiguiente, tenemos generalmente en la cabeza un montón de ruido, de conversación interna, mientras estamos escuchando. —Me di cuenta de que, mientras Simeón pronunciaba estas palabras, yo tenía la cabeza en otra cosa: pensaba en qué podría estar haciendo Rachael en casa—. El trabajo de la escucha activa tiene lugar en nuestra mente —continuó el profesor—. La escucha activa requiere un disciplinado esfuerzo para silenciar toda esta conversación interna mientras tratamos de escuchar a otro ser humano. Requiere un sacrificio, el máximo esfuerzo por nuestra parte, para bloquear el ruido y entrar realmente en el mundo del otro, aunque sólo sea por unos minutos. La escucha activa consiste en tratar de ver las cosas como el que habla las ve, y tratar de sentir las cosas como el que habla las siente. Esta identificación con el que habla tiene que ver con la empatía y requiere un esfuerzo más que considerable.

La enfermera añadió:

—En el hospital maternal, consideramos que la empatía es tener una presencia plena junto al paciente. Esta presencia plena no es meramente física, sino también mental y emocional. No es fácil conseguirlo, sobre todo cuando hay tantos motivos de distracción a nuestro alrededor. La presencia plena, la escucha activa, la disposición a satisfacer las necesidades con una mujer que está pariendo es una muestra de respeto. Cuando empecé como enfermera en el hospital maternal, estaba muchas veces físicamente presente, pero psicológicamente estaba siempre a mil kilómetros. Cuando nuestra presencia es plena, creo que los pacientes, cualquiera que sea su estado, notan la diferencia y agradecen el esfuerzo.

La directora de escuela sacudió la cabeza y dijo:

—Sabéis, hay cuatro vías esenciales para comunicarse con los demás: la lectura, la escritura, el habla y la escucha. Las estadísticas muestran que, cuando se trata de comunicarse, el porcentaje de tiempo que se dedica a cada una de ellas se reparte entre un 65 por ciento en escuchar, un 20 por ciento en hablar, un 9 por ciento en leer y un 6 por ciento en escribir. A pesar de ello, nuestras escuelas enseñan bastante bien a leer y a escribir, y a veces incluso ofrecen una o dos asignaturas optativas de oratoria, pero no hacen absolutamente ningún esfuerzo de ningún tipo para adiestrar a los alumnos en la escucha, que es precisamente lo que más van a necesitar los chicos.

—Muy interesante, gracias, Theresa —siguió el profesor—. ¿Y qué mensajes estamos enviando, consciente o inconscientemente, a la gente cuando nos esforzamos al máximo en la escucha activa?

La enfermera replicó:

—El hecho de hacer todo lo posible por apartar cualquier distracción, incluidas las mentales, transmite un mensaje con mucha fuerza al que está hablando: que realmente te importa lo que dice, que ella/él es una persona importante. Tienes razón, Simeón, escuchar es probablemente la mejor forma que tenemos de prestar atención a los demás en la vida cotidiana, e implica cuánto les valoramos.

La directora de escuela añadió:

—En los primeros años de mi carrera tendía a pensar que mi trabajo consistía en resolver todos los problemas que podían traerme los estudiantes o los profesores. Con los años he aprendido que el mero hecho de escuchar y compartir el problema con el otro alivia su carga. El hecho de ser escuchado, de poder expresar nuestros sentimientos, produce un efecto de catarsis. En la pared de mi despacho tengo una cita de un antiguo faraón llamado Ptahhotep, que dice: «Aquellos que tienen que escuchar las quejas y los gritos de su pueblo deben armarse de paciencia. Porque el pueblo quiere que se preste atención a lo que dice, más que resolverse aquello por lo que viene».

El profesor le dirigió una sonrisa aprobatoria.

—Que al pueblo se le preste atención es una necesidad legítima que un líder no debe desatender. Recordad que el papel del líder es identificar y satisfacer las necesidades legítimas. Todavía recuerdo lo que me dijo mi madre el día de mi boda con mi hermosa Rita, Dios la tenga en su gloria, que va a hacer cincuenta años este mes. Me dijo que nunca desatendiera a una mujer. ¡Y más de una vez me vi metido en un aprieto con Rita por no seguir ese consejo! Prestar atención a la gente es un acto de amor primordial.

—Ahora que pienso en ello —empecé a decir—, cuando tuvimos el problema sindical en la fábrica, me dijeron en varias ocasiones que los empleados tenían la sensación de que nos habíamos olvidado de su existencia, de que no les prestábamos la misma atención que en los primeros tiempos. Por otro lado, seguro que el sindicato sí que les prestó atención durante la campaña, y los trabajadores se lo tragaron. Creo que, de una u otra forma, la gente acaba encontrando la manera de satisfacer sus necesidades.

—Gracias a todos por vuestros comentarios —respondió el profesor—. Volvamos ahora a nuestra definición de afabilidad. Theresa nos ha leído que la afabilidad consistía en prestar atención y aprecio hacia los demás, en animarles. ¿Vosotros pensáis que la gente tiene necesidad de aprecio y ánimo, o será sólo un deseo?

—Yo no necesito esas gaitas de aprecio —saltó el sargento—. A mí me dicen lo que hay que hacer y se hace. Y a mis hombres los llevo de la misma manera porque al fin y al cabo eso es lo que firmaron cuando se enrolaron y por eso les pagan. ¿Por qué demonios voy a tener yo que andar con tanta blandenguería ñoña?

El pastor fue el primero en contestarle:

—William James, que es probablemente uno de los grandes filósofos que ha dado este país, dijo una vez que en lo más hondo de la personalidad humana existe la necesidad de ser apreciado. Yo creo que el que diga que no tiene esa necesidad miente, y probablemente no sólo en este tema.

—Tranquilo, pastor —advirtió el sargento.

La enfermera salió al quite:

—Greg, yo creía que entre los militares se lleva mucho lo de conceder medallas y galones como pública demostración de reconocimiento por los servicios prestados...

—Un sabio general dijo una vez —añadió la directora— que es más fácil que un hombre te dé a su mujer por un pedazo de galón que por dinero.

Yo también intervine:

—Imagínate que le digo a mi mujer: «Querida, cuando nos casamos te dije que te amaba. Si alguna vez se produce algún cambio, ya te lo comunicaré. Y, por cierto, no hace falta que te preocupes: traeré todas las semanas la paga a casa». ¿No crees que sería una relación bastante rara?

Para mi sorpresa, el sargento asintió con la cabeza a todos mis comentarios sin chistar.

La enfermera volvió otra vez a hablar:

—Uno de mis mentores fue mi primera enfermera jefe en las salas de dilatación y partos, hace casi veinte años. Una vez me confesó que le gustaba visualizar a los empleados como esos hombres anuncio que llevan un cartel por delante y otro por detrás. El de delante decía: «Apréciame» y el de la espalda: «Hazme sentir importante». Aquella mujer tenía mucha autoridad sobre la gente. Pero en aquella época yo no conocía este concepto.

El profesor continuó.

—La afabilidad, uno de los actos del amor, puede expresarse independientemente de los sentimientos que uno tenga. Una vez más, el amor no es lo que uno siente por los demás, es más bien cómo se porta uno con los demás. Dejadme que os lea unas palabras de George Washington Carver sobre la afabilidad. Dice así: «Sed amables con los demás. Hasta donde lleguéis en esta vida dependerá de cuán cariñosos seáis con los más jóvenes, cuán compasivos con los mayores, cuán comprensivos con los rivales, cuán tolerantes con los débiles y con los fuertes. Porque en esta vida, algún día habréis sido todos ellos».

La entrenadora dijo:

—Creo que también es importante elogiar a la gente. Felicitarles cuando hacen algo bien, en vez de ser como el «ejecutivo gaviota» y estar siempre mirando a ver si pillamos a la gente haciendo algo mal.

—Ya conoces el viejo dicho: «Encontramos lo que andamos buscando» —dijo el pastor—. ¡Y qué verdad tan grande! Los psicólogos lo llaman «percepción selectiva». Por ejemplo, mi mujer y yo empezamos a buscar una furgoneta cuando tuvimos al niño y a mí me interesó la Ford Windstars. Antes de pensar en comprarme una nunca me había fijado en ellas por la carretera. En cambio, en cuanto me interesé por el tema, ¡empecé a verlas por todas partes! Llegué a pensar que era una conspiración o algo así. Creo que con lo de ser líder pasa lo mismo. En cuanto empiezas a buscar la parte buena de los demás, a fijarte en lo que la gente hace bien, de repente empiezas a ver cosas que antes nunca habías visto.

El profesor añadió:

—Recibir elogios es una necesidad humana legítima y es esencial para que las relaciones humanas funcionen. Sin embargo, hay que tener presentes dos cosas importantes acerca de los elogios. Una es que el elogio debe ser sincero. La segunda es que debe ser concreto. Pasearse por el departamento diciendo: «Todo el mundo ha hecho un buen trabajo» desde luego no basta, e incluso puede causar resentimiento, porque puede que no todo el mundo haya hecho un buen trabajo. Es importante ser sincero y concreto, diciendo, por ejemplo: «Joe, me consta que anoche sacaste doscientas cincuenta piezas. Buen trabajo». Hay que reforzar el comportamiento específico porque el refuerzo produce repetición.

—Veamos la tercera palabra de la definición de amor, «humildad» —propuso la directora de escuela hojeando el diccionario sobre las rodillas—. La definición de humildad es «ser auténtico, sin pretensiones, no ser arrogante ni jactancioso».

> Humildad — ser auténtico y sin pretensiones
> ni arrogancia

La directora de escuela preguntó:

—¿Qué importancia tiene esto para un líder, Simeón? Muchos de los que yo conozco son muy egotistas y sólo se preocupan de sí mismos.

—¡Y hacen muy bien! —saltó el sargento—. Un líder tiene que estar a cargo de todo, tiene que ser fuerte, capaz de dar un puntapié cuando hace falta. Lo siento, pero es que no creo en eso de la humildad.

Se volvió a ocupar de él el pastor.

—La Torá de los judíos, compuesta por los cinco primeros libros del Antiguo Testamento, dice, en el *Libro de los Números*, que el hombre más humilde que ha habido nunca fue Moisés. Bien, pues recuerda quién fue Moisés. Moisés fue el hombre que estrelló la tabla del Decálogo tirándola monte abajo en un ataque de rabia, el que mató a un egipcio por golpear a un judío, el que estaba todo el rato discutiendo y peleando con Dios. ¿Qué, a ti te parece un blandengue, un hombre tipo «pobrecito de mí», Greg?

—¿Adónde quieres llegar, predicador? —replicó Greg sarcástico. A Dios gracias, intervino la entrenadora.

—Creo que lo que les pedimos a nuestros líderes es autenticidad, la capacidad de ser ellos mismos con la gente, no los queremos vanidosos, pedantes, autosuficientes. Los egos realmente entorpecen y pueden levantar murallas entre la gente. Los sabelotodos y los líderes arrogantes consiguen aburrir a mucha gente. Esta arrogancia es también una pretensión poco honesta porque no hay nadie que lo sepa todo o que controle todo. Para mí, la humildad no es hacerse de menos, sino pensar menos en uno mismo.

—Nos necesitamos unos a otros —dijo con voz pausada la enfermera—. La arrogancia y la soberbia pretenden lo contrario. La «mentira» del individualismo exacerbado, tan común en nuestro país, crea la ilusión de que no somos, ni debemos ser, dependientes de los demás. ¡Qué absurdo! No fueron mis manos las que me sacaron del vientre de mi madre; no fueron mis manos las que me cambiaron los pañales, las que me criaron, las que me alimentaron; no fueron mis manos las que me enseñaron a leer y a escribir. Y hoy en día, no son mis manos las que cultivan lo que me como, traen mi correo, recogen mi basura, me suministran electricidad, protegen mi ciudad, defienden mi país; ni son ellas las que me consolarán y me cuidarán cuando esté vieja y enferma, ni las que me enterrarán cuando muera.

El profesor ojeó sus notas y dijo:

—Un maestro espiritual anónimo escribió: «La humildad no es más que el conocimiento verdadero de ti mismo y de tus limitaciones. Aquellos que se ven como realmente son en verdad sólo pueden ser humildes». La humildad consiste en ser uno mismo, en ser auténtico con la gente y en desechar las falsas máscaras. ¿Qué viene ahora, Theresa?

—El respeto —la directora de escuela empezó a leer de nuevo—. El respeto está definido como «tratar a los demás como si fueran importantes».

Respeto — tratar a los demás como si fueran gente
importante

—¡Hasta aquí hemos llegado! —dijo el sargento—. Quiero decir que ya me empecé a poner nervioso cuando empezasteis a hablar de influencia y de amor. Ahora resulta que tengo que arrodillarme ante la gente con afabilidad y elogios y respeto. Pues mira, yo soy un sargento de instrucción y me estáis pidiendo algo que, sencillamente, no es mi estilo. Me estáis pidiendo algo que a mí me resulta antinatural.

—Greg —contestó serenamente el profesor—, si yo mandara en tu cuartel, en tus barracones, a la personalidad más alta del Ejército, supongo que tú serías sumamente respetuoso y atento; hasta puede que hicieras gala de muchos de estos comportamientos que estamos discutiendo. Para ponerlo en tus términos, probablemente tendría ocasión de asistir a mucho «peloteo», ¿no es así?

Mirando fijamente al profesor, el sargento contestó:

—¡Demonios, tienes toda la razón! El general es un hombre muy importante y se merece todo ese respeto por mi parte, y yo se lo mostraría.

—Escúchate a ti mismo, Greg —dije yo—. Estás diciendo que sabes cómo ser respetuoso y atento, sabes cómo elogiar a la gente, pero sólo estás dispuesto a hacerlo por la gente que te parece importante. Así que eres capaz de comportarte de esa manera, pero eres muy selectivo en cuanto a los receptores de esas atenciones.

El profesor continuó a partir de ese momento:

—¿Creéis que podríamos tratar a todo aquel que dirigimos como si fuera una persona importante? Imaginaos tratando a Chucky, el de la carretilla elevadora, como si fuera el presidente de la compañía, o a los alumnos como si fueran miembros del claustro, o a las enfermeras como si fueran médicos, o a los soldados rasos como si fueran el general. Greg, ¿podrías tú tratar a cada hombre de tu pelotón como si fuera un importante general?

—Pues sí, supongo que podría, pero me costaría mucho —admitió con reticencia el sargento.

—Efectivamente, Greg —continuó Simeón—, como iba diciendo, el liderazgo requiere un gran esfuerzo. Los líderes tienen que decidir si están o no dispuestos a dar lo mejor de sí mismos por aquellos a los que dirigen.

—¡Pero yo sólo trato con respeto a aquellos que se lo han ganado! —continuó objetando el sargento—. Después de todo, el respeto es algo que uno tiene que ganarse, ¿no?

La enfermera, con la suave y cálida voz que era habitual en ella, le contestó:

—Me temo que ese viejo prejuicio puede ser también un paradigma erróneo para un líder. Yo creo que Dios no creó basura humana, sólo gente con problemas de comportamiento. Y todos tenemos problemas de comportamiento. Pero ¿no nos merecemos algún respeto, sólo por el hecho de ser seres humanos? La definición de respeto de Theresa era: «tratar a la gente como si fuera importante». Yo creo que deberíamos añadir a esta definición «porque son importantes». Y si no estás de acuerdo con esta idea, trata de pensar que se merecen algún respeto porque son parte de tu equipo, de tu pelotón, de tu familia, de tu lo que sea. El líder tiene un interés personal en el éxito de aquellos a los que dirige. De hecho, en nuestro papel de líderes está incluido el ayudarles a conseguir ese éxito.

Aquella mujer seguía asombrándome.

El sargento dijo mirando su reloj:

—Vale, vale, ya lo entiendo, pero mejor nos vamos ya. ¿O es que queremos perdernos el oficio de mediodía? No, ¿verdad?

• • •

Nada más dar las dos en el reloj, el profesor volvió a tomar la palabra.

—¿Cuál es la siguiente palabra en nuestra definición de amor, Theresa?

—Quisiera hacerte una pregunta antes, hermano Simeón. ¿Por qué son tan obsesivos los monjes con el tiempo? Quiero decir que aquí se hace todo al minuto.

—Me alegro de que lo preguntes, Theresa. En realidad yo era ya un poco fanático con el tema del tiempo mucho antes de venir aquí. Recordad que todo lo que hace un líder constituye un mensaje. Si llegamos tarde a nuestras citas, reuniones u otros compromisos, ¿qué mensaje estamos haciendo llegar a los demás?

—¡La gente que llega tarde me ataca los nervios! —saltó la entrenadora—. De hecho, me encanta que aquí se respete el tiempo porque me gusta saber a qué atenerme. Para contestar a tu pregunta, Simeón, a mí, cuando alguien se retrasa, me llegan distintos mensajes. Uno es que su tiempo es más importante que el mío, un mensaje bastante arrogante para mandármelo. También implica este mensaje que yo no debo ser una persona muy importante para los que me hacen esperar, porque seguro que llegarían a la hora con una persona importante. También me comunica que no son demasiado rectos, porque las personas serias se atienen a la palabra dada y cumplen con sus compromisos, incluso con sus compromisos de tiempo. Llegar tarde es un comportamiento muy poco respetuoso y además crea hábito. —La entrenadora respiró hondo tras esta parrafada—. Gracias por permitirme dar el sermón.

El profesor dijo sonriendo:

—Me da la impresión de que no hay más que añadir. Espero que esto conteste a tu pregunta, Theresa. Bien, ¿cuál es nuestra próxima definición?

—Generosidad, pero dame un segundo que la busque. Ya está, dice que la generosidad es satisfacer las necesidades de los demás, incluso antes que las propias.

Generosidad — satisfacer las necesidades de los demás

—Gracias, Theresa. Bien, lo opuesto a generosidad es egoísmo, que significa: «mis necesidades primero, al cuerno con las tuyas», ¿de acuerdo? La generosidad, pues, consiste en satisfacer las necesidades de los demás, aunque eso signifique sacrificar tus propias necesidades y deseos. Esto podría ser también una espléndida definición de liderazgo: satisfacer las necesidades de los demás antes que las de uno.

Sorprendentemente, el sargento habló:

—En el campo de batalla, la tropa siempre come antes que los oficiales.

Esta vez fui yo quien protestó:

—Pero, si estamos siempre satisfaciendo las necesidades de los demás, ¿no van a acabar demasiado consentidos y aprovechándose de nosotros?

—No has prestado mucha atención a lo que se estaba diciendo, amigo —se guaseó el sargento—. Se supone que lo que hay que satisfacer son sus necesidades, no sus deseos. Si proveemos a la gente legítimamente de lo que requiere para su bienestar mental o físico, no creo que tengamos que preocuparnos por si los estamos echando a perder. Recuerda, John, hablamos de necesidades, no de deseos, de ser un servidor, no un esclavo. ¿Qué tal, Simeón, voy bien?

Simeón se volvió a la directora de escuela para la siguiente definición mientras toda la clase reía.

—La siguiente palabra que tenemos es «indulgencia», y está definida como «no guardar rencor al que nos perjudica» —anunció Theresa.

Indulgencia — no guardar rencor al que nos perjudica

—¿A que es una definición interesante? —empezó el profesor—. No guardar rencor al que nos perjudica. ¿Por qué es importante que un líder desarrolle esta cualidad de carácter?

—Porque la gente no es perfecta y, en nuestra posición de líderes, supongo que nos dejarán en la estacada más de una vez —contestó la enfermera.

Al sargento esto tampoco le gustó.

—O sea, que si alguien me falla, se supone que lo único que tengo que hacer es actuar como si no hubiera ocurrido nada —dijo—. Me limito a pasarle cariñosamente la mano por la cabeza y a decirle que todo está en orden. ¿No es eso?

—No, Greg —contestó el profesor—. Eso no sería liderar con integridad. La indulgencia no significa que tengamos que aparentar que lo que no está bien no ha sucedido, o no enfrentarnos a ello cuando sucede. Al contrario, debemos practicar un comportamiento positivo hacia los demás, no un comportamiento pasivo como si fuéramos un felpudo, o un comportamiento agresivo que viole los derechos de los otros. El comportamiento positivo consiste en ser abierto, honrado y directo con los demás, pero siempre de forma respetuosa. El comportamiento indulgente consiste en enfrentarse a las situaciones según surgen de modo positivo y en desprenderse de cualquier resquicio de rencor. Si en tu papel de líder no eres capaz de desprenderte del rencor, acabarás consumiéndote y perdiendo eficacia.

Tuve ganas de decir algo y añadí:

—Mi mujer, a la que llamo cariñosamente «El Loquero», es psicoterapeuta, y me recuerda con frecuencia que el rencor destruye la personalidad humana. Creo que todos hemos conocido personas que se pasan la vida dándole vueltas a sus rencores y se vuelven cada vez más amargados y desgraciados.

Mi compañero de habitación añadió:

—Mi compañero Hackett solía decir: «¡Mientras que tú sufres por tu rencor, el otro está de juerga!».

—Gracias por todos vuestros comentarios —el profesor sonrió—. ¿Recordáis cuando os dije el domingo que entre todos sabíamos más que cualquiera de nosotros? ¿Qué dice el diccionario de la honradez, Theresa?

—La honradez está definida como la cualidad de «estar libre de engaños».

Honradez — estar libre de engaños

—Yo creía que la honradez tenía que ver con no mentir —dijo la entrenadora con voz queda—. Pero estar libre de engaños es bastante más amplio, ¿no?

—A nuestros niños les enseñamos en el colegio —intervino la directora— que una mentira es una comunicación de cualquier tipo hecha con intención de engañar a otro. Puede que callar o no decir toda la verdad se consideren «mentiras piadosas», socialmente aceptables, pero no dejan de ser mentiras.

—Recordad —dijo el profesor—, la honradez es la cualidad que más gente pone en cabeza de la lista de cualidades que esperan en un líder. También dijimos que la confianza, cimentada sobre la honradez, es el cemento que mantiene las relaciones humanas. Pero la honradez con la gente es también el aspecto más difícil del amor, y el que lo equilibra. La honradez implica ayudar a la gente a tener perspectivas claras, hacerles responsables, estar dispuesto a dar tanto las buenas como las malas noticias, informarles sobre los resultados de su trabajo, ser consecuente, tener reacciones previsibles y ser justo. En suma, vuestro comportamiento debe estar libre de engaños y consagrado a la verdad a toda costa.

Mi compañero de habitación volvió a hablar:

—En mi antiguo trabajo en el mundo de los negocios, mi primera mentora solía decirme que si no conseguíamos hacer trabajar bien a la gente, no estábamos siendo honrados. Es más, ella llegaba incluso a decir que los líderes que no hacen que su gente cumpla con el estándar establecido son, de hecho, unos ladrones y unos mentirosos. Ladrones porque están estafando al accionista que les paga para conseguirlo, y mentirosos porque pretenden que todo va bien con su gente, cuando de hecho no es así.

Yo añadí:

—He conocido a más de un supervisor que piensa que mientras todo el mundo esté contento en su sección, todo va sobre ruedas. Se niegan a plantear las deficiencias por miedo a no caer bien, a que la gente se enfade con ellos. Nunca se me había ocurrido pensar hasta qué punto este proceder es deshonesto. Yo creo que mucha gente quiere saber, y de hecho lo necesita, en qué punto están con su líder.

—Muy bien. Miremos «compromiso», Theresa.

—Un momento; aquí está. Compromiso está definido como atenerse a las elecciones que uno hace.

Compromiso — atenerse a las propias elecciones

El profesor se quedó callado un rato antes de decir:

—El compromiso es, probablemente, el comportamiento más importante de todos. Y por compromiso entiendo sentirse comprometido con los compromisos que se hacen en la vida. Esto es importante porque los principios que estamos discutiendo requieren un enorme esfuerzo, y si no estáis comprometidos como líderes, probablemente acabaréis dejándolo y volviendo al poder. Desgraciadamente, «compromiso» no es una palabra muy popular hoy en día.

—Y tanto —dijo la enfermera—. Si no queremos al niño, abortamos, si no queremos a nuestra mujer, nos divorciamos, y ahora, si no queremos al abuelito, siempre nos queda la eutanasia. Una limpísima y simpática sociedad de usar y tirar...

El sargento sonrió antes de decir:

—Sí..., todo el mundo está dispuesto a implicarse, pero no a comprometerse. Y no es lo mismo para nada. La próxima vez que estéis comiendo huevos con beicon recordad esto: ¡la gallina estaba implicada, pero lo del cerdo fue un compromiso!

—Muy buena, Greg, ya no me acordaba de ésa —salté enseguida, cuanto más conocía al sargento mejor me caía.

Hubo un rato de silencio; todos sopesábamos lo que se había dicho. Luego, el profesor rompió el silencio diciendo:

—El verdadero compromiso es una visión del desarrollo personal y del desarrollo del grupo junto con una mejora continua. El líder comprometido está consagrado a un desarrollo integral de su persona y a una mejora continua, se compromete a llegar a ser el mejor líder que puede llegar a ser, el que la gente a la que dirige se merece. Es también una pasión por la gente y por el equipo, por presionarles para que lleguen a ser tan buenos como les sea posible. Pero no debemos nunca atrevernos a pedirle a la gente que dirigimos que sean lo mejor posible, que se esfuercen por mejorar siempre, si nosotros mismos no estamos dispuestos a crecer y a llegar a ser lo mejor posibles. Esto requiere compromiso, pasión y una visión por parte del líder de hacia dónde va con su grupo.

El pastor añadió:

—Y las Escrituras nos enseñan que, sin una visión, el pueblo perece.

—Yo desearía que los minisermones también perecieran, predicador —le soltó el sargento a mi compañero de habitación.

—Ese amor, compromiso, liderazgo, ese esforzarse al máximo para los demás…, todo me suena a muchísimo trabajo —dije con un suspiro.

—Y que lo digas, John —continuó el profesor—, pero es lo que aceptamos cuando nos apuntamos a ser líderes. Nunca nos han dicho que sea fácil. Decidimos amar, dar lo mejor de nosotros mismos por los otros, y eso requiere paciencia, humildad, afabilidad, respeto, generosidad, indulgencia, honradez y compromiso. Servir a los otros y sacrificarse por ellos exige estos comportamientos. Puede que tengamos que sacrificar nuestro ego o incluso nuestro mal humor en determinadas ocasiones. Puede que tengamos que aguantarnos las ganas de echarle la bronca a alguien, en vez de tener una actitud positiva con él.

Tendremos que sacrificarnos amando y dando lo mejor de nosotros mismos por gente que a lo mejor ni siquiera nos gusta.

—Pero, como decías antes —comentó Theresa—, la decisión de si vamos o no vamos a elegir comportarnos de esa forma es cosa nuestra. Cuando amamos a los demás dando lo mejor de nosotros mismos, tenemos que servirlos y sacrificarnos por ellos. Y cuando ya nos hemos forjado esa autoridad con la gente es cuando merecemos ser llamados líderes.

—Entiendo la causa y el efecto de lo que estáis diciendo —argumentó la entrenadora— y podría incluso estar de acuerdo con ello. Pero comportarse así suena un poco como si estuviéramos manipulando a la gente.

La directora contestó:

—La manipulación es, por definición, influenciar a la gente en beneficio personal. Creo que en el modelo de liderazgo que Simeón ha adoptado se influye en la gente para beneficio mutuo. Si de veras estoy identificando y satisfaciendo las legítimas necesidades de aquellos a los que sirvo y dirijo, estos tienen, por fuerza, que beneficiarse también de esta influencia, en tanto les sirva adecuadamente. ¿Estoy en lo cierto, Simeón?

—Como de costumbre, el grupo se las ha arreglado para articular estos principios mejor que yo mismo; gracias a todos.

El pastor comentó:

—En una ocasión escuché una cinta de Tony Campolo, pastor, orador, educador y conocido autor, en la que hablaba sobre cursillos de formación matrimonial para parejas jóvenes. Decía que siempre que se encuentra con una parejita les pregunta: «Bien, ¿y por qué queréis casaros?». Por supuesto, la respuesta suele ser: «Porque estamos muy enamorados». La segunda pregunta de Tony es: «Pero, tendréis algún motivo mejor que ese, ¿no?». Según él, la pareja se mira entonces asombrada, no dando crédito a tamaña estupidez, y contestan: «Y ¿qué mejor motivo puede haber? ¡Estamos muy enamorados!». A lo cual él responde: «Da la impresión de que ahora mismo sentís un montón de cariñosos efluvios el uno hacia el otro y las hormonas parecen estar a tope. Estupendo, disfrutadlo. ¿Pero qué será de vuestra relación cuando se os pase?». Entonces, impepinablemente, la pareja se mira para unir fuerzas y responden a dúo en tono de desafío: «¡A nosotros no nos va a pasar nunca eso!».

El aula se venía abajo con las risas.

—Ya veo que algunos llevan bastantes de matrimonio —continuó mi compañero de habitación—. Todos sabemos que esos sentimientos como vienen se van, y que lo que persiste es el compromiso. Tony concluía señalando que toda boda es una oportunidad para que se dé un matrimonio, pero que nunca sabemos en qué nos hemos metido hasta que desaparecen esos sentimientos.

—Desde luego, Lee —confirmó el profesor—. En el liderazgo funciona el mismo principio de compromiso. Los rasgos de carácter, los comportamientos que hemos estado discutiendo hoy, no resultan tan difíciles con la gente que nos gusta. Ha habido muchos hombres y mujeres perversos que han sido afables y sociables con las personas que les gustaban. Pero nuestro verdadero carácter de líder se revela cuando tenemos que dar lo mejor de nosotros mismos por los que nos son antipáticos, cuando nos vemos en la encrucijada y tenemos que amar a personas que no son precisamente de nuestro agrado. Ahí es cuando descubrimos hasta qué punto estamos comprometidos; ahí es cuando descubrimos qué tipo de líder somos realmente.

Theresa añadió:

—Creo que fue Zsa Zsa Gabor quien dijo que amar a veinte hombres en un año no es nada comparado con amar a un solo hombre en veinte años...

El profesor fue a la pizarra y completó el diagrama.

—En nuestro modelo de ayer decíamos que el liderazgo se funda en la autoridad o influencia, que a su vez se funda en el servicio y el sacrificio, que a su vez se funda en el amor. Cuando lideras con autoridad, estás necesariamente llamado a dar lo mejor de ti mismo, a amar, a servir e incluso a sacrificarte por los demás. Una vez más, el amor no consiste en lo que sientes por los demás, sino en lo que haces por ellos.

La enfermera lo resumió diciendo:

—O sea, lo que estás diciendo, Simeón, es que amar puede definirse como el hecho, o los actos derivados de dar lo mejor de uno mismo por los demás, identificando y satisfaciendo sus legítimas necesidades. ¿No voy muy desencaminada?

—Espléndido, Kim —respondió sencillamente el profesor.

Paciencia	Mostrar dominio de uno mismo
Afabilidad	Prestar atención, apreciar y animar
Humildad	Ser auténtico, sin pretensiones ni arrogancia
Respeto	Tratar a los otros como si fueran gente importante
Generosidad	Satisfacer las necesidades de los demás
Indulgencia	No guardar rencor cuando te perjudiquen
Honradez	Estar libre de engaños
Compromiso	Atenerte a tus elecciones
Resultados: Servicio y sacrificio	Dejar a un lado tus propios deseos y necesidades; buscar lo mejor para los demás

CAPÍTULO CINCO

El entorno

Hombres y mujeres quieren hacer un buen trabajo.
Si se les proporciona el entorno adecuado, lo harán.

BILL HEWLETT, FUNDADOR DE HEWLETT-PACKARD

Le eché un vistazo al despertador. Pasaban unos minutos de las tres de la mañana del jueves y yo estaba otra vez despierto, con la vista clavada en el techo. Había llamado a Rachael y a la oficina a última hora de la tarde del día anterior para ver cómo iban las cosas. Me quedé algo decepcionado cuando me enteré de que todo y todos parecían ir perfectamente bien sin mí.

Andaba también dándole vueltas a las preguntas sobre la vida que me había planteado Simeón en la mañana del día anterior. ¿En qué creía yo exactamente? ¿Por qué estaba aquí? ¿Cuál era mi finalidad en esta vida? ¿Tenía realmente algún sentido este juego de la vida?

No conseguí hallar ninguna respuesta.

Sólo más preguntas.

Llegué a la capilla con quince minutos de antelación y me sentí orgulloso de mí mismo. ¡Había conseguido llegar a la cita antes que Simeón!

El profesor se sentó a mi lado a las cinco en punto y bajó la cabeza; parecía estar rezando.

Unos minutos después se volvió hacia mí y me preguntó:

—¿Qué has ido aprendiendo, John?

—La discusión sobre el amor fue interesante. Realmente nunca había pensado en ello como algo que se hace por los demás. Siempre pensé en el amor en términos de algo que se siente. ¡Espero que nadie me pegue en el trabajo cuando les diga que voy a empezar a amarlos a todos!

Simeón se echó a reír.

—Tus actos siempre hablarán más alto e infinitamente más claro que tus palabras, John. Recuerda el comentario de Theresa: «obras son amores…».

—¿Pero qué hay de amarse a uno mismo, Simeón? El pastor de mi iglesia dice que se supone que hay que amar al prójimo y a uno mismo.

—Desgraciadamente, John, parece que hoy en día este versículo no se cita con demasiada exactitud. Lo que el texto realmente dice es: «Ama a tu prójimo como a ti mismo», no «y a ti mismo». Es bastante diferente. Cuando Jesús habla de amar a los demás como nos amamos a nosotros mismos, está dando acertadamente por sentado que ya nos amamos a nosotros mismos. Él nos está pidiendo que amemos a los demás del mismo modo que nos amamos a nosotros mismos.

—¿Del mismo modo que me amo a mí mismo? —objeté—. Pues, mira, hay veces, sobre todo últimamente, en que no puedo ni aguantarme a mí mismo, no digamos ya amarme.

—Recuerda, John, el amar de *agápe* es un verbo que describe cómo nos comportamos, no un nombre que describe qué sentimos. Yo también tengo temporadas en las que no me aprecio particularmente, y esos son, sin duda alguna, mis mejores momentos. Porque, aunque yo no me guste particularmente a mí mismo en alguna ocasión, sigo amándome y satisfaciendo mis propias necesidades. Y, desgraciadamente, muchas veces, quiero que mis necesidades pasen por encima de las necesidades de los demás. Exactamente igual que un niño de dos años.

—Supongo que casi todos tendemos a intentar ir siempre primero, ¿no?

—Exactamente, John. Intentar ir siempre primero es amarse a sí mismo. Poner al prójimo en ese lugar y ser consciente de sus necesidades es amar al prójimo. Piensa en la facilidad que tenemos para perdonarnos las meteduras de pata y los comportamientos absurdos que invaden nuestra vida. ¿Mostramos la misma diligencia en perdonar los errores y los comportamientos absurdos del prójimo? Como verás, mostramos mucha diligencia en amarnos a nosotros mismos, pero no tanta cuando se trata de amar a los demás.

—Nunca lo había visto así, Simeón —dije un poco desconcertado.

—Seamos sinceros, ¿no nos sentimos encantados a veces, aunque sólo sea un momento, de las desgracias del prójimo, cuando vemos problemas laborales, divorcios, líos extraconyugales y demás? Estamos amando realmente al prójimo cuando su bienestar nos importa tanto como el nuestro.

—¿Pero qué pasa con el amor a Dios? —pregunté—. El pastor de mi iglesia insiste en que se supone que también tengo que amar a Dios. Pero hay veces en que no me siento especialmente «amoroso» respecto a Él tampoco. La vida parece a veces tan injusta… A veces llego hasta dudar de su existencia.

Para mi asombro el profesor estaba de acuerdo conmigo.

—Hay veces en que me enfado con Dios, en que no me gusta demasiado. Y otras mi sistema de creencias me parece bastante poco convincente. Son muchas las preguntas y muchas las cosas que me parecen injustas en esta vida. Pero una cosa es lo que yo sienta, y otra es seguir amando a Dios y mantener mis compromisos en mi relación con Él. Puedo seguir amando a Dios estando atento a nuestra relación a través de la oración, siendo auténtico, respetuoso, sincero y hasta indulgente. Y todo esto puedo hacerlo incluso, por no decir especialmente, cuando no me apetece hacerlo. Eso es demostrar amor por el compromiso: mantenerme fiel, aun cuando mi fe flaquee en un momento determinado.

Los monjes estaban entrando ya uno tras otro en la capilla e iban ocupando sus asientos.

—Lo bueno es que cuando estamos comprometidos en el amor a Dios y a los demás, y seguimos trabajando en ello, ocurre que los comportamientos positivos acaban generando sentimientos positivos; los sociólogos se refieren a esto como praxis. Hablaremos más de ello mañana por la mañana. —Estas fueron las últimas palabras del profesor en aquella madrugada.

Antes de que el reloj acabara de dar sus campanadas, el profesor anunció:

—Hoy vamos a cambiar de tema, vamos a hablar de lo importante que es crear un ambiente sano en el que la gente pueda crecer y prosperar. Me gustaría empezar empleando la metáfora de plantar un jardín. La naturaleza nos muestra la importancia de crear un entorno sano si queremos que las plantas crezcan. ¿Alguno de vosotros es aficionado a la jardinería?

La entrenadora levantó la mano.

—Yo tengo un jardín justo detrás de la zona común. Llevo haciendo jardinería más de veinte años, y aunque esté mal que yo lo diga, se me da muy bien.

—Chris, si yo no tuviera ni idea de jardinería, ¿qué consejos me darías para hacer un jardín en condiciones?

—Ah, pues muy sencillo: te diría que buscaras un terreno muy soleado y que removieras la tierra para preparar la siembra. Luego tendrías que plantar las semillas, regar, fertilizar, ocuparte de que no lo invadieran las plagas, y limpiarlo regularmente de malas hierbas.

—De acuerdo, y si hago todo lo que sugieres, Chris, ¿qué puedo esperar que suceda?

—Bueno, pues a su debido tiempo verás que las plantas crecen y pronto obtendrás frutos.

Simeón insistió diciendo:

—Cuando lleguen los frutos, ¿podremos decir que fui yo la causa de ese desarrollo?

—Claro —respondió Chris rápidamente. Luego se paró un momento a reconsiderarlo y añadió—: Bueno, para ser exactos tú no fuiste la causa de que el jardín creciera, pero ayudaste a que así fuera.

—Exacto —afirmó el profesor—. Nosotros no hacemos que las cosas crezcan en la naturaleza. El Creador sigue siendo el único que sabe cómo una pequeña bellota metida en la tierra llega a convertirse en un enorme y frondoso roble. Nosotros, lo más que podemos hacer es poner las condiciones adecuadas para que esto ocurra. Este principio es especialmente válido para los seres humanos. ¿Se os ocurre algún ejemplo que ilustre esto?

—Como especialista en tocología —dijo Kim—, puedo deciros que para que un niño se desarrolle normalmente durante los nueve meses de gestación, es fundamental que tenga un ambiente sano en la matriz, de hecho las condiciones tienen que ser perfectas. Si no es así, generalmente ocurre un aborto, o pueden darse otro tipo de complicaciones graves.

Mi compañero de habitación añadió rápidamente:

—Y una vez nacido, me consta que el niño necesita un ambiente sano y amoroso para desarrollarse bien. Recuerdo haber leído un artículo sobre los orfanatos establecidos por aquel dictador rumano, Nicola Ceaucescu, en los que los niños estaban literalmente almacenados, sin apenas contacto humano, a veces sin ningún contacto humano. ¿Alguno de vosotros vio el documental sobre esos bebés? ¿Sabéis lo que les pasa a los bebés privados de todo contacto humano?

—Mueren —replicó la enfermera en voz baja.

—Exacto, se marchitan literalmente y mueren —añadió el pastor, sacudiendo la cabeza.

Pasaron unos minutos y la directora de escuela dijo:

—Llevo muchos años trabajando en la escuela pública y se puede ver perfectamente qué niños son los que proceden de ambientes familiares desastrosos. Las cárceles están llenas de gente que creció en ambientes insalubres. Estoy convencida de que una educación adecuada por parte de los padres y un ambiente doméstico sano son esenciales para una sociedad sana. Y cada vez estoy más convencida de que la respuesta al crimen tiene muy poco que ver con la silla eléctrica y mucho con lo que pasa en la trona. Sobre este punto, el de la importancia de crear un entorno sano, estoy totalmente de tu parte, Simeón. ¡Esta vez no necesitas convencerme!

La enfermera añadió:

—Este principio es válido incluso en medicina. La gente piensa a veces, equivocadamente, que van al médico a que les cure. Pero, a pesar de todos los avances de la medicina, ningún médico ha arreglado nunca un hueso roto ni ha sido causa de que una herida curara. Lo más que pueden hacer la medicina y los médicos es proporcionar asistencia con medicación o terapias, es decir, crear las condiciones adecuadas para que el cuerpo se cure a sí mismo.

—Ahora que lo pienso —tercié yo—, mi mujer, «El Loquero», me ha dicho en muchas ocasiones que los terapeutas no tienen poder para curar a sus pacientes. Dice que con frecuencia los terapeutas sin experiencia creen que pueden curar a la gente, pero que la experiencia les lleva a darse cuenta de que no poseen semejante poder. Lo que un buen terapeuta puede hacer es crear un ambiente sano para el cliente, estableciendo una relación de amor basada en el respeto, la confianza, la aceptación y el compromiso. Una vez que se crea ese ambiente seguro y terapéutico es cuando los pacientes pueden empezar el proceso de curarse a sí mismos.

—¡Fantástico, son unos ejemplos fantásticos! —exclamó el profesor—. Espero que empiece a resultar evidente que es muy importante crear un entorno sano para que pueda haber un crecimiento sano, especialmente en los seres humanos. Llevo empleando la metáfora del jardín toda mi vida, con todos los grupos que he tenido a mi cargo: familia, trabajo, ejército, deportes, comunidad o iglesia. Para decirlo más sencillamente, pienso en mi área de influencia como en un jardín que necesita cuidados. Como ya hemos visto, los jardines necesitan atención y cuidados, así que estoy siempre preguntándome: «¿Qué necesita mi jardín? ¿Tal vez que lo abone con un poco de apreciación, reconocimiento y elogios? ¿Necesita mi jardín que le quite las malas hierbas? ¿Tengo que ocuparme de eliminar las plagas?». Todos sabemos qué ocurre cuando no se controlan las plagas y las malas hierbas en un jardín. Mi jardín necesita una atención constante y yo confío en que, si hago mi parte y lo cultivo bien, conseguiré fruto.

—¿Y cuánto hay que esperar para ver el fruto? —preguntó la entrenadora.

—Desgraciadamente, Chris, he conocido muchos líderes que no han sabido ser pacientes y han abandonado la tarea antes de que el fruto pudiera crecer. Hay muchos que quieren y esperan unos resultados rápidos, pero el fruto sólo llega cuando está a punto. Y precisamente por eso es tan importante el compromiso para un líder. ¡Imagínate un agricultor que intentara «darse el atracón para los exámenes finales», sembrando a finales de otoño con la esperanza de conseguir cosechar antes de las primeras nevadas! La Ley de la Cosecha nos enseña que el fruto crecerá, pero no siempre sabemos cuándo.

La enfermera señaló:

—Otro factor importante para determinar cuándo madurará el fruto es el estado de nuestras cuentas bancarias de relaciones.

—¿Y qué es eso de una cuenta bancaria de relaciones? —preguntó mi compañero de habitación.

—Aprendí esta metáfora leyendo el *best-seller* de Stephen Covey, *Los 7 hábitos de la gente altamente efectiva*. Todos sabemos cómo funcionan las cuentas bancarias en las que hacemos continuamente ingresos y reintegros, confiando no quedarnos nunca en números rojos. La metáfora de la cuenta de relaciones nos enseña la importancia de mantener unas relaciones sanas y equilibradas con la gente que tiene un peso en nuestra vida, incluidos aquellos a los que dirigimos. En pocas palabras, cuando conocemos a una persona tenemos básicamente una relación neutral con ella porque no nos conocemos, digamos que estamos todavía tanteando el terreno. En cambio, a medida que la relación va desarrollándose, vamos haciendo una serie de movimientos en esas cuentas imaginarias, ingresos o reintegros, según nos comportemos. Por ejemplo, realizamos un ingreso cuando somos sinceros y dignos de confianza, cuando reconocemos nuestro aprecio por la gente, cuando mantenemos nuestra palabra, cuando sabemos escuchar, cuando no hablamos de los demás a sus espaldas, cuando hacemos uso de las cortesías básicas: hola, por favor, gracias, discúlpeme, etc. Reintegros serían ser antipático o poco cortés, romper promesas o compromisos, criticar a los demás por detrás, no escucharles bien, ser engreído y arrogante, etc.

El sargento dijo:

—Así que, cuando ayer en la pausa de la tarde llamé a mi novia y me colgó el teléfono, probablemente es que estoy en números rojos, ¿no?

—¡Pues yo diría que sí, Greg! —dije riéndome—. Cuando tuvimos el problema sindical en la fábrica probablemente teníamos un descubierto serio en nuestras cuentas. Lo que quieres decir, Kim, es que puede llevarnos más tiempo que el fruto madure según cuál sea el estado de nuestras cuentas bancarias de relaciones; ¿estoy en lo cierto?

—Creo que es así con quienes tenemos unas relaciones establecidas. Con los recién llegados generalmente podemos empezar de cero.

—Gracias por esa bella metáfora que podemos utilizar aquí, Kim —reconoció el profesor—. Esta idea de las cuentas de relaciones también ilustra por qué debemos dispensar nuestros elogios públicamente, pero nunca nuestras reprimendas. ¿Alguien puede decir por qué?

La directora de escuela fue la primera en hablar.

—Cuando reprendemos a alguien públicamente, obviamente le estamos poniendo en evidencia ante sus semejantes y esto supone un serio reintegro en nuestras cuentas. Pero, además, cuando humillas a alguien públicamente, también estás retirando de la cuenta de relaciones con todo el que está presenciándolo, porque es muy desagradable asistir a una reprimenda pública y porque los demás se preguntan «¿Cuándo me tocará a mí?». Así que creo que si nuestra intención es conseguir grandes reintegros, desde luego hay que dar por muy bien empleado el tiempo que invertimos en hacer una reprimenda en público.

La entrenadora añadió:

—A mí me parece que el mismo principio funciona cuando alabamos, apreciamos y reconocemos públicamente a la gente. No sólo hacemos un ingreso en nuestra cuenta con el destinatario del elogio, sino que también hacemos ingresos en las cuentas que tenemos con los que están mirando. Y como decías antes, Simeón, todo el mundo mira siempre lo que hace el líder.

—Es cierto, Chris. Todo lo que hace el líder se constituye en mensaje —replicó Simeón—. Debo tener en el despacho un interesante artículo, y una encuesta, que hablan de la mucha estima en que se tiene la gente y de por qué los reintegros en las relaciones son tan costosos. Voy a ver si lo encuentro y podemos comentarlo en la sesión de esta tarde.

Hacía una espléndida tarde de otoño, así que decidí dar un paseo bordeando el acantilado que corría paralelo a la playa. Brillaba el sol, hacía unos dieciséis grados y una suave brisa soplaba desde el lago. En resumen, lo que yo siempre había considerado un día perfecto, pero apenas si conseguía disfrutarlo porque en mi cabeza todo era confusión.

Estaba excitado con la información que estaba reuniendo y con la perspectiva de aplicar aquellos principios cuando volviera a casa. Pero a la vez, al reflexionar sobre mi comportamiento en el pasado y sobre cómo había estado dirigiendo a aquellos que tenía a mi cargo, me sentía deprimido e incluso avergonzado. ¿Cómo habría sido tenerme de jefe, de marido, de padre, de entrenador?

Las respuestas que se me ocurrían no hacían sino aumentar mi malestar.

A las dos el profesor dijo alegremente:

—He encontrado el artículo y la encuesta de los que os hablé esta mañana. Estaban en un número antiguo de *Psychology Today* y creo que os van a resultar interesantes. El autor es un psicólogo conductista y dice que ni siquiera existe una correlación entre recepción positiva y negativa. Para ponerlo en los términos que hemos empleado «ingreso y reintegro», asegura que por cada reintegro en vuestra cuenta con alguien, hacen falta cuatro ingresos para equilibrar otra vez la cuenta. ¡Una relación de cuatro a uno!

—Me parece perfectamente verosímil —respondió el pastor—. Mi mujer puede hartarse de decirme una y otra vez cuánto me quiere, pero yo todavía me acuerdo de cuando la primavera pasada me dijo que estaba engordando demasiado. ¡Eso sí que me llegó!

—¡Pues yo la entiendo perfectamente, predicador! —le pinchó el sargento.

—Exactamente, Lee —continuó el profesor—. Todos tenemos tendencia a ser especialmente sensibles, por mucho que aparentemos mucha calma. En apoyo de su tesis, el artículo pasa a analizar los resultados de una encuesta que se llevó a cabo para determinar hasta qué punto es realista la visión que la gente tiene de sí misma.

Ojo al dato. Hay un 85 por ciento del público en general que se considera «por encima de la media». A la pregunta sobre la «capacidad para llevarse bien con los demás», el cien por cien se pone por encima de la media, un 60 por ciento se pone entre el 10 por ciento más alto, y un 25 por ciento se coloca entre el uno por ciento más alto. A la pregunta sobre la «capacidad para dirigir», el 70 por ciento se considera en el cuartil superior y sólo un dos por ciento se considera por debajo de la media. Y fijaos en los hombres. A la pregunta sobre su «capacidad atlética respecto a los demás hombres», el 60 por ciento se coloca en el cuartil superior y sólo un seis por ciento dice estar por debajo de la media.

—¿Dónde quieres llegar? —preguntó el sargento.

—Para mí, Greg —saltó la entrenadora—, está claro que, por lo general, la gente tiene muy buena opinión de sí misma. Eso quiere decir que debemos ser muy cuidadosos con nuestros reintegros en las cuentas de los otros porque pueden salirnos muy caros.

El profesor añadió:

—Piensa en cómo se fomenta la confianza en una relación, por ejemplo. Podemos pasar años trabajando en ello y todo puede venirse abajo por un momento de indiscreción.

—Vale, ya estamos otra vez... —gruñó el sargento alzando la voz—. Aquí estamos hablando de teorías, todas fantásticas y estupendas en este fantástico y estupendo lugar, pero algunos de nosotros tenemos que volver y enfrentarnos a unos superiores a los que les va eso del poder y que pasan olímpicamente de la autoridad, de los triángulos invertidos, y no digamos ya del amor, del respeto y de las cuentas bancarias de relaciones. ¿Qué se supone que hay que hacer si se trabaja para alguien así?

—Buena pregunta, Greg —dijo el profesor sonriendo—. Y estás totalmente en lo cierto. La gente de poder se siente por lo general amenazada por la gente de autoridad, lo cual quiere decir que la situación puede llegar a ser molesta. Puede incluso costarnos el trabajo. Sin embargo, hay pocos sitios donde no podamos tratar a la gente con amor y respeto, independientemente de cómo nos traten a nosotros.

—Se ve que no conoces a mi jefe —insistió el sargento.

Simeón no tiró la toalla.

—Cuando trabajaba como líder empresarial, me llamaron muchas veces para hacerme cargo de empresas con disfunciones que tenía que poner a flote. Una de las primeras cosas que hacía siempre que llegaba a la empresa era llevar a cabo una encuesta sobre la actitud de los empleados para tomarle el pulso a la casa. Siempre las realizaba por departamentos, y a veces por turnos, para poder discernir mejor las áreas problemáticas. Hasta en las compañías más machacadas, las que peores resultados arrojaban, siempre encontraba algunos islotes donde reinaba la calma en medio del proceloso piélago. Por ejemplo, departamento de fletes, tercer turno, buenos resultados; departamento de salidas, segundo turno, buenos resultados; sala de informática, primer turno, buenos resultados. Cuando me aparecían en las encuestas buenos resultados en un área concreta, siempre iba a enterarme de qué pasaba en ese departamento y en ese turno. ¿Y con qué creéis que me encontraba sistemáticamente?

—Con un líder —respondió sencillamente la enfermera.

—Bien puedes decirlo, Kim. A pesar del caos general, de la confusión, de las políticas de poder y de las disfunciones generalizadas que implica todo ello, siempre me encontraba con un líder que se había hecho responsable de su pequeña área de influencia y que había conseguido que, allí, las cosas funcionaran de otra manera. Por supuesto, no estaba en su mano controlarlo todo, pero sí controlar su propio comportamiento día a día con la gente que tenía a su cargo, ahí abajo, en la bodega del barco.

—Es curioso que utilices el ejemplo del barco, Simeón —comenté—. Un empleado me dijo en cierta ocasión que los empleados se sentían con frecuencia como el personaje de Charlton Heston en *Ben-Hur*. ¿Os acordáis del bueno de Charlton Heston, amarrado al banco de la galera, rema que rema, año tras año? Podía oír rugir la tormenta y sentir la colisión de las naves, pero nunca salir al puente a tomar el fresco o a darse un chapuzón. Y además, no olvidemos el retumbar incesante de los tambores que golpeaba aquel gordo sudoroso para mantener el ritmo de los galeotes... Bueno, el caso es que ese empleado me dijo que los trabajadores tienen muchas veces la impresión de estar así. Se pasan el día entero allá abajo, en la bodega y nunca asoman por el puente, ni les dice nadie qué pasa con el barco. De repente el capitán dice que le apetece hacer esquí acuático y, ¡hala, a acelerar el ritmo, que lo manda el capataz! Y cuando las cosas se ponen feas, el capitán da dos voces a los de abajo diciendo que hay que echar a unos cuantos por la borda para aligerar la carga. No es un panorama muy reconfortante.

Mi compañero de habitación dijo:

—Tengo una vieja taza de café, recuerdo de otras épocas en la empresa, que lleva la siguiente inscripción:

No es mi trabajo gobernar el barco
ni hacer sonar la sirena.
Ni decir hasta qué lugar
puede el barco llegar.
Al puente no puedo subir,
ni siquiera tocar la campana,
pero si este cacharro se llega a hundir,
¿quién creéis que se las carga?

—¡Es buenísimo! —dije entusiasmado—. ¡Tengo que conseguir una de esas tazas! Pero, a ver, aunque decida comportarme de esa forma, sigo teniendo cuarenta supervisores y puede ser que no quieran colaborar. No puedo crear ese entorno sin su ayuda. ¿Cómo demonios podré conseguir que todo el mundo colabore, Simeón?

—Eres tú quien impone las reglas —la respuesta del profesor fue inmediata—. Como líder, John, eres responsable del entorno en tu área de influencia y te han dado poder para llevar a cabo tus cometidos. Por lo tanto, tienes poder para regular su comportamiento.

—¿Qué quieres decir con regular su comportamiento? —objeté—. ¡No puedes regular el comportamiento de otra persona!

—¡Ya lo creo que puedes! —me gritó el sargento—. En el ejército lo hacemos continuamente, y estoy seguro de que también lo hacéis con los trabajadores de tu fábrica. Hay políticas y normas que todo el mundo tiene que seguir, ¿no? Están obligados a usar el equipo siguiendo determinadas normas de seguridad y a ir todos los días a trabajar, y a seguir todo tipo de códigos de conducta en el trabajo. Tú y yo nos pasamos todo el tiempo regulando comportamientos.

Odiaba tener que admitir que Greg tenía razón, pero era evidente que la tenía. Si un empleado del servicio al cliente empezaba a comportarse mal con un cliente, su trabajo estaba en peligro. Si los empleados no seguían nuestras reglas, se convertían rápidamente en exempleados. La regulación del comportamiento era constantemente una condición del empleo. De repente me vino a la memoria otro ejemplo de regulación de comportamiento por parte de la empresa.

—Mi padre —empecé a decir— fue supervisor de primer grado en la planta de montaje de Ford en Dearbon durante más de treinta años. A principios de los años setenta fui a trabajar con él un sábado por la mañana; iba convencido de que no estaría más de una hora en la fábrica y que volvería luego a la facultad. ¡No os podéis imaginar lo que era aquello! La gente se chillaba, se insultaba, reñía... aquello era la jungla. Parecía que para ser nombrado «capataz del día» había que ser capaz de humillar públicamente a un empleado y conseguir a la vez soltar un mínimo de diez tacos por frase.

—Eso me resulta familiar —dijo el sargento, dirigiéndose a mí.

—Es que era un lugar bastante especial, Greg —le repliqué, dándome cuenta de que ya no me resultaba irritante—. Bueno, el caso es que uno de los mejores amigos de mi padre, otro supervisor, fue trasladado inesperadamente a Flat Rock, Michigan, para trabajar en una fábrica que formaba parte de un proyecto entre Mazda y Ford. En la primera semana como supervisor en esa fábrica, el amigo de mi padre cogió a un empleado haciendo algo incorrecto y le puso de vuelta y media delante de todos los compañeros de la línea de montaje. Incluso consiguió soltar unos cuantos tacos en una misma frase, ¡la clásica sesión de castigo al estilo Deaborn! Para su mayor desgracia, su director, que era japonés, fue testigo del incidente y le llamó inmediatamente a su despacho. Como sabéis, los japoneses tienen un especial pundonor, no pueden humillarse ante los demás… El director le dijo muy cortés y respetuoso al amigo de mi padre que aquel era el primer y último aviso que le daba respecto a ese tipo de comportamiento. Que si volvía a ver un comportamiento similar, o a tener noticias de ello, sería inmediatamente despedido. Este mismo supervisor trabajó otros diez años en la fábrica, hasta que se jubiló. Entendió el mensaje. Como tú dirías, Simeón, Mazda reguló su comportamiento.

—Magnífico ejemplo, John —me dijo el profesor—. Sin embargo, todos debemos tener presente que Mazda no cambió el comportamiento del supervisor. Lo cambió él mismo, porque entendió el mensaje. No podemos cambiar a nadie. Recordad el sabio dicho de los Alcohólicos Anónimos: «La única persona a la que puedes cambiar es a ti mismo».

La enfermera añadió:

—Conozco a mucha gente que actúa como si realmente pudiera cambiar a los demás. Siempre están intentando arreglar a la gente, convertirles a su religión, rectificar sus mentes, lo que sea. Tolstói dijo que todo el mundo quiere cambiar el mundo, pero nadie quiere cambiarse a sí mismo.

—¿No será esa la verdad, Kim? —asintió la entrenadora—. Si cada uno se limitara a limpiar el trozo de calle de su portal, no tardaría en estar toda la calle como los chorros del oro.

—Pero, Simeón, en nuestra condición de líderes podemos motivar a la gente para que cambie, ¿no? —preguntó el sargento.

—Mi definición de motivación es cualquier comunicación que influye en las elecciones que se hacen. Como líderes podemos crear la fricción necesaria, pero que la gente cambie depende de una elección que no está en nuestras manos. Recordad el principio del jardín. Nosotros no hacemos crecer las plantas. Lo más que podemos hacer es proporcionar el ambiente adecuado y la presión necesaria de forma que la gente pueda elegir cambiar y crecer.

Intervino la directora de escuela:

—Algún personaje célebre, no recuerdo ahora quién era, dijo una vez que sólo hay dos razones para casarse: la procreación y la fricción.

—Esa es muy buena —dijo riéndose el pastor—. Sé de otro sitio donde también regulan el comportamiento. ¿Habéis estado alguna vez en el hotel Ritz-Carlton?

—Sólo un rico predicador como tú puede permitirse alojarse en el Ritz —dijo sarcásticamente el sargento.

Haciendo caso omiso del comentario, mi compañero de habitación continuó:

—Una vez al año me permito la extravagancia de llevar a mi mujer al Ritz, que no queda lejos de mi casa, para una estancia de noche y desayuno especial. En cuanto pasas la puerta de un hotel Ritz, te das cuenta de que estás en un lugar especial. Me refiero a que la gente se desvive por satisfacer todas tus necesidades, y se puede palpar esa atmósfera de extraordinario respeto. Bueno, el caso es que, en una de esas veladas en el Ritz, después de cenar, estaba yo sentado en el bar tomándome un cóctel...

—¿Un pastor baptista trasegando copas en un bar? —intentó pincharle el sargento.

—Un zumo de limón para mi esposa y una Coca-Cola light para mí, Greg. Bueno, digo que estaba yo atento a cómo se movían los dos camareros, asombrado del respeto que mostraban hacia los clientes y hacia sus propios compañeros. Estaba intrigado, suele pasarme, así que le pregunté a uno de ellos: «¿Qué pasa con vosotros, chicos?». Él me contestó educadamente: «¿Señor...?». «Bueno, ya sabéis», dije yo, «la manera en que tratáis a los clientes, y a vosotros mismos, tan respetuosa... ¿Cómo consiguen que lo hagáis?». Me contestó sencillamente: «Ah, aquí en el Ritz tenemos un lema: somos señoras y caballeros que servimos a señoras y caballeros». Le dije que era una frase muy ingeniosa, pero que no acababa de entenderle. Me miró fijamente a los ojos y dijo: «¡Si no nos comportamos así, no podemos trabajar aquí! ¿Hay algo más que no entienda?». Me eché a reír y le dije que le entendía perfectamente.

La entrenadora añadió:

—Muchos de vosotros habréis oído hablar de Lou Holtz, el que fuera famoso entrenador del equipo de fútbol de Notre Dame. Holtz tiene fama de ser especialista en generar entusiasmo en los equipos que entrena. Y no me refiero sólo a los jugadores. Toda su gente, técnicos, secretarias, asistentes, hasta los chicos que se ocupan del agua están siempre llenos de entusiasmo, en cualquier equipo que entrene, y tiene una carrera espectacular... Bueno, a lo que iba, una vez le preguntó un periodista: «¿Cómo consigues que toda tu gente sea siempre tan entusiasta?», y Lou Holtz contestó: «Pues es muy fácil. Elimino a los que no lo son».

CAPÍTULO SEIS

La elección

Lo que creamos o lo que pensemos,
al final no tiene mayor importancia.
Lo único que realmente importa es lo que hacemos.

JOHN RUSKIN

El profesor me saludó con la cabeza cuando llegó a la capilla el viernes por la mañana y se sentó a mi lado. Estuvimos sentados en silencio unos cuantos minutos hasta que me hizo la pregunta habitual.

—Simeón, estoy aprendiendo tanto que no sé por dónde empezar. La idea de regular el comportamiento de mi equipo de supervisores, por ejemplo. Realmente es un concepto que tengo que considerar más seriamente.

—Cuando yo estaba en el mundo de los negocios, John, nunca consentí que el personal a mi cargo manejara extensos manuales del empleado, llenos de normas y procedimientos para regular el comportamiento de las masas. Me preocupaba mucho más el comportamiento del equipo directivo y el cómo regular el comportamiento de sus miembros. Si el equipo directivo va bien encaminado, el resto sigue de forma natural.

—Esa es una observación interesante, Simeón.

—A lo largo de mi carrera, me he encontrado con frecuencia con que, en las empresas con problemas, la gente siempre apunta al

Chucky de turno que lleva la carretilla elevadora, o a algún otro tipo en el departamento de recepción y envíos, que, según ellos, son el problema. Nueve de cada diez veces, cuando tenía que hacerme cargo de una empresa en apuros, el problema estaba en las alturas.

—Es curioso que digas eso, Simeón, porque mi mujer...

—¿«El Loquero»? —dijo Simeón echándose a reír.

—Me has interrumpido —bromeé—. Me parece muy poco respetuoso por su parte, señor.

—Perdona, John, no me he podido resistir.

—Estás perdonado, Simeón. Como decía, mi mujer trabaja muy a menudo con familias con problemas, y en ellas parece establecerse la misma dinámica que tú has encontrado en la empresa. Los papás te traen a los niños diciendo: «¡Arregle a estos niños! ¡No hay quien pueda con ellos!». Por supuesto, ella sabe por experiencia que esa forma de comportarse es sólo el síntoma del problema de verdad, y le preocupa mucho más qué es lo que está pasando con los papás.

—Un sabio general dijo una vez que no hay pelotones flojos, hay líderes flojos. John, ¿tú crees que el plante sindical en la fábrica fue un síntoma?

—Sí, es posible... —repliqué sintiéndome culpable y deseando cambiar de tema—. Dime algo sobre esto de la praxis, que mencionaste ayer por la mañana. Dijiste que de los comportamientos positivos se derivaban sentimientos positivos. ¿Qué quiere decir eso exactamente?

—Ah. Sí, la praxis. Gracias por recordármelo. Generalmente se piensa que son nuestros sentimientos y nuestras ideas los que determinan nuestro comportamiento y, por supuesto, sabemos que así es. Nuestras ideas, sentimientos, creencias —nuestros paradigmas— tienen ciertamente mucha influencia sobre nuestros comportamientos. La praxis nos enseña que lo contrario también es cierto.

—No estoy seguro de entenderte, Simeón.

—Nuestro comportamiento también tiene una influencia sobre nuestras ideas y nuestros sentimientos. Cuando, como seres humanos, nos comprometemos a dedicar nuestra atención, nuestro tiempo, nuestro esfuerzo y demás recursos a alguien o a algo, con el tiempo vamos desarrollando sentimientos hacia el objeto de nuestra atención. Los psicólogos dicen que catectizamos el objeto de nuestra atención, en otras palabras, nos apegamos a él, nos quedamos «enganchados». La praxis explica por qué los niños adoptivos son tan queridos como los naturales, y por qué nos enganchamos tanto a nuestros animales de compañía, al tabaco, a las labores de jardinería, a la bebida, a los coches, al golf, a la filatelia y a todas las demás cosas que nos llenan la vida. Nos apegamos a todo aquello a lo que prestamos atención, a lo que dedicamos tiempo, a lo que servimos.

—¡Hummm!… Puede que sea eso lo que explique por qué ahora me gusta el vecino de al lado. A primera vista pensé que era el tío más repugnante que había visto en mi vida. Pero, con el paso del tiempo, a raíz de que no tuve más remedio que trabajar con él en algunos asuntos del jardín y del vecindario, empecé a apreciarle.

—La praxis funciona también a la inversa, John. En época de guerra, por ejemplo, se intenta deshumanizar al enemigo. Se les llama «Krauts», «Gooks», «Charlie», porque resulta más fácil justificar el hecho de matarlos si antes se los deshumaniza. La praxis nos enseña también que si alguien no nos gusta, y además le tratamos mal, acabaremos odiándole cada vez más.

—A ver si te entiendo, Simeón. De acuerdo con la praxis, si yo tengo el compromiso de amar a los demás y dar lo mejor de mí mismo por ellos, y si actúo en consecuencia con ese compromiso, ¿con el tiempo se me habrán creado sentimientos positivos hacia esa gente?

—Así es, básicamente, John. «Fíngelo para hacerlo bueno», podríamos decir. Hubo un tipo llamado Jerome Brunner, un eminente psicólogo de Harvard, que dijo que es más fácil traducir nuestras acciones en sentimientos que traducir nuestros sentimientos en acciones.

—Sí —respondí—. Hay muchos, y yo el primero, que creen, y dicen, que en cuanto se sientan más motivados empezarán a comportarse de otra forma. Pero por desgracia, es frecuente que tal cosa no llegue a ocurrir nunca.

—Tony Campolo, el autor que Lee mencionó ayer, habla con frecuencia del poder de la praxis para restablecer matrimonios en dificultades. Asegura que la pérdida del sentimiento romántico, que tantas parejas experimentan previo al divorcio, se puede paliar de hecho si la pareja está dispuesta a resolverlo. Para conseguirlo, la pareja debe asumir un compromiso de treinta días. Él se compromete a tratar a su esposa como solía hacerlo cuando todavía estaba vivo el sublime sentimiento romántico, cuando la estaba cortejando. Debe decirle que es bellísima, comprarle flores, sacarla a cenar, etc. En resumen, debe hacer todas aquellas cosas que hacía cuando estaba «enamorado» de ella. A ella le toca algo parecido, debe tratar a su marido como si fuera un novio reciente. Tiene que decirle que es muy atractivo, hacerle sus platos favoritos..., esas cosas. Campolo asegura que las parejas suficientemente comprometidas como para llevar a cabo estas difíciles tareas, siempre consiguen que vuelvan los sentimientos. Eso es la praxis: los sentimientos que derivan de los comportamientos.

—Pero, Simeón, es que es durísimo dar el primer paso. Obligarse uno mismo a tratar con aprecio y respeto a alguien que no te gusta, o comportarse con amor hacia alguien que no es en absoluto amable, es un esfuerzo terrible.

—Desde luego que sí. Forzar y desarrollar los músculos emocionales tiene mucho que ver con forzar y desarrollar los músculos físicos. Al principio es difícil. Sin embargo, con disciplina y con un ejercicio adecuado, con la práctica, los músculos emocionales —como ocurre con los físicos— se desarrollan y adquieren un tamaño y una fuerza de la que no te haces idea.

Simeón no quiso dejarme ni una sola excusa en la que ampa-
rarme.

Estaba sentado en el aula, mirando por la ventana hacia el magnífico lago azul. Como de costumbre, se oía el ronroneo del fuego en
la inmensa chimenea, donde se consumían, crepitando entre chas-
quidos, unos troncos de álamo blanco recién cortados. Era viernes
por la mañana. ¿Cómo había pasado tan deprisa el tiempo?

El profesor esperó pacientemente hasta que dieron las nueve
para empezar.

—He conocido muchos padres, esposas, entrenadores, profesores y otros líderes que no quieren asumir la responsabilidad que les
corresponde en su papel de líder, ni las decisiones y comportamientos
que ser un líder eficaz exige. Dicen, por ejemplo: «Empezaré a tratar
a mis hijos con respeto cuando empiecen a portarse mejor», o «Me
ocuparé de mi esposa cuando ella rectifique su manera de actuar», o
«Escucharé a mi marido cuando tenga algo interesante que decirme»,
o «Daré lo mejor de mí mismo por mis empleados cuando me den el
aumento de sueldo», o «Trataré dignamente a mi gente cuando mi
jefe empiece a tratarme dignamente a mí». Todos hemos tenido ocasión de oírlo: «cambiaré cuando...» los puntos suspensivos se pueden sustituir a gusto de cada uno. Quizás lo correcto sería cambiar la
afirmativa por una interrogativa: «¿Cambiaré... cuándo...?».

Me gustaría dedicar el último día completo que vamos a pasar
juntos discutiendo el tema de la responsabilidad y de las elecciones
que hacemos. Como ya dije en nuestro debate del miércoles, yo
creo que el liderazgo empieza por una elección. Algunas de estas
elecciones conllevan asumir las abrumadoras responsabilidades
que voluntariamente aceptamos, y hacer que nuestros actos sean
consecuentes con nuestras buenas intenciones. Pero mucha gente
no quiere asumir las responsabilidades que le corresponden y pre-
fiere descargarse de ellas.

—Es curioso que digas eso, Simeón —dijo la enfermera—. Al principio de mi carrera, trabajé un par de años en la planta de psiquiatría de un gran hospital. Una de las cosas que descubrí rápidamente fue que la gente con problemas psicológicos padece con frecuencia de «trastornos de la responsabilidad». Los neuróticos asumen demasiada responsabilidad y creen que todo lo que pasa es culpa suya. «Mi marido es un borracho porque soy una mala esposa», o «Mi hijo fuma porros porque he fracasado como padre», o «El tiempo es malo porque no dije mis oraciones esta mañana». Por otro lado, la gente con problemas de trastornos del carácter, generalmente asume demasiada poca responsabilidad sobre sus actos. Dan por sentado que todo lo que va mal es por culpa de otro. «Mi hijo tiene problemas en la escuela porque los profesores son infectos», o «No puedo ascender en la empresa porque le caigo mal al jefe», o «Yo soy un borracho porque mi padre también lo era». Y luego tenemos los que están entre dos aguas, caracterópatas-neuróticos, que unas veces asumen demasiada responsabilidad y otras demasiado poca.

—¿Tú dirías que hoy en día vivimos en una sociedad más aquejada de neurosis que de trastornos del carácter, Kim? —indagó el profesor.

Antes de que pudiera contestar, el sargento intervino:

—¿Estás de broma? —dijo casi gritando—, ¡en Estados Unidos tenemos tantos trastornos del carácter que somos el hazmerreír de todo el mundo! Nadie quiere aceptar nunca responsabilidades de nada. ¿Es que no os acordáis de lo del alcalde de Washington, ese que filmaron en vídeo fumando crack y dijo que era todo un complot racista? ¿Y qué me decís de esa mujer que ahogó a sus dos hijos en el asiento trasero del coche, precipitándolo a un lago, y lo justificó diciendo que, de niña, había sido sometida a abusos deshonestos? ¿Y los chicos de la costa este que mataron a tiros a sus padres y esgrimieron también la «excusa del abuso»? ¿Y los fumadores que demandan a las compañías de tabaco, echándoles la culpa de su dependencia de los cigarrillos? ¿Y la «vidente» que demandó al hospital porque su TAC arruinó sus habilidades paranormales y, por lo tanto, su futuro potencial económico? Por no hablar de ese trabajador contratado por el Ayuntamiento de San Francisco que les pegó un tiro al alcalde y al gerente municipal e invocó la defensa Twinkie... ¡Dijo que se encontraba en un estado de demencia transitoria debido a una ingesta excesiva de azúcar en comida basura! ¿Qué ha sido de la responsabilidad personal en esta sociedad?

—Creo —continuó el profesor— que uno de los problemas es que en este país nos hemos pasado un poco con lo de Sigmund Freud. Aunque el trabajo de Freud supuso una enorme contribución al campo de la psiquiatría, y hemos de estarle agradecidos, plantó también las semillas del determinismo, que le ha proporcionado a nuestra sociedad todo tipo de excusas para justificar malos comportamientos, permitiéndonos evitar la asunción de las responsabilidades de nuestras acciones.

—¿Podrías explicar qué es «determinismo», Simeón? —le pregunté.

—Llevado a sus últimas consecuencias, el determinismo significa que para cada suceso, físico o mental, existe una causa. Seguir la receta de un bizcocho sería la causa que previsiblemente produciría un efecto: el bizcocho. En la fábrica de vidrio donde tú trabajas, el calentar a determinada temperatura arena, cenizas y los otros ingredientes que uséis es la causa que producirá previsiblemente el efecto del vidrio fundido. De acuerdo con el determinismo estricto, conocidas las causas físicas o mentales, se puede predecir el efecto de las mismas.

—Pero —objetó el pastor—, si damos eso por bueno, llegamos a una paradoja en lo que se refiere a la creación del mundo, ¿o no? Quiero decir que si nos remontamos al primer momento del tiempo, a la fracción de segundo que precedió al Big Bang, ¿qué podría explicar esa causa primera? ¿Qué fue lo que creó ese primer átomo de helio, hidrógeno o lo que sea? La paradoja es que en algún punto de esa cadena de sucesos, hubo algo que tuvo que venir de la nada. Y nosotros, los tipos religiosos, creemos que esa primera causa fue Dios.

El sargento masculló:

—Y tú no puedes dejar pasar un día sin sermón, ¿verdad, predicador?

—Tienes razón, Lee, la ciencia nunca ha podido resolver de forma satisfactoria esta paradoja de la causa primera —continuó el profesor—. Pero el determinismo, para cada efecto existe una causa, se ha considerado generalmente válido para todos los sucesos físicos, aunque incluso esto ha sido puesto en tela de juicio con las últimas teorías científicas. En cualquier caso, Freud decidió dar un paso más en este sentido, aplicando este mismo principio a la voluntad humana. Freud mantiene que, en lo fundamental, los seres humanos no tienen posibilidad de elección, y que el libre albedrío no es más que una ilusión. Según él, nuestras elecciones y nuestros actos están determinadas por fuerzas del inconsciente que nunca podemos conocer del todo. Freud afirmaba que, si tenemos un conocimiento suficiente de la herencia y el ambiente de alguien, podemos hacer una predicción bastante acertada de su comportamiento, incluidas las elecciones personales que puede hacer. Sus teorías asestaron un golpe tremendo al concepto de libre albedrío.

La directora de escuela añadió:

—El determinismo genético me permite echarle la culpa al abuelo por mis desastrosos genes, que explican por qué soy un borracho; el determinismo psíquico me permite echarle la culpa a mis padres por mi desgraciada infancia, la cual, por supuesto, me lleva a hacer siempre las peores elecciones en mi vida; el determinismo ambiental me permite echarle la culpa a mi jefe por hacer que la calidad de mi vida laboral sea tan lamentable, lo cual explica por qué me porto tan mal en el trabajo. Así que tengo miles de excusas para mi comportamiento. ¿A que es fantástico?

—La vieja naturaleza contra el argumento cultural —comentó la enfermera—. Creo que hemos aprendido que, aunque los genes y el ambiente tengan un efecto en nosotros, seguimos siendo libres de hacer nuestras propias elecciones. No hay más que fijarse en los hermanos gemelos. Nacen del mismo óvulo, así que tienen los mismos genes: naturaleza. Ambos crecen en el mismo hogar, al mismo tiempo: cultura. Y, sin embargo, son dos personas distintas.

—¿Y qué me dices de esas hermanas siamesas que salieron en uno de los últimos números de la revista *Life*? ¿Visteis alguno el artículo? —preguntó el sargento.

—Creo que ahora se les llama gemelos conjuntos, Greg —le corrigió el pastor.

—Bueno, lo que sea —continuó el sargento—. El caso es que esas hermanas siamesas compartían el cuerpo, pero tenían dos cabezas completamente separadas. Lo realmente asombroso es que las dos niñas tenían personalidades muy distintas, con distintos gustos y manías, distintos comportamientos, y todo eso. Hasta sus padres decían que, aparte de compartir un tronco, eran dos personas completamente distintas.

—Aquí —insistió la enfermera— tenemos otra vez los mismos genes y el mismo ambiente, y, sin embargo, gente distinta.

Simeón siguió diciendo:

—Son unos ejemplos fantásticos. Creo que os va a encantar este poema que os he traído. Es uno de mis favoritos, de autor desconocido, y se titula: «Nueva visión del determinismo», dice así:

Pedí hora al psiquiatra, para que me aclarara
por qué aticé a mi novia y le partí la cara.
Me tumbó en su diván para ver qué encontraba
y encontró lo siguiente
tras mucho hurgar en mi profundo subconsciente:
cuando tenía un año, mamá encerró mi osito en la maleta,
y en consecuencia soy un borracho majareta.

A los dos años vi a papá besando a la doncella,
lo cual explica mi gran «cleptomanella».
A los tres años, con mis hermanos sufría ambivalencia
¡por eso mismo trato a mis novias con violencia!
Ahora ya soy feliz porque me han dicho
¡que siempre es culpa de otro, aunque sea un mal bicho!
¡Eh, libido! ¡Echa las campanas al vuelo, por el bueno de
*   Freud!*

La única que no se reía era la entrenadora, así que le pregunté:

—No parece convencerte mucho todo esto, Chris. ¿Qué es lo que te preocupa?

—No estoy tan segura de que tengamos tanta libertad de elegir. Por ejemplo, hay estudios que muestran sin lugar a dudas que los alcohólicos tienen más posibilidades de tener hijos alcohólicos. ¿Y no es el alcoholismo una enfermedad? ¿Cómo podéis decir que es algo que se elige?

—Buena pregunta, Chris —replicó el profesor—. Yo vengo de una familia muy afectada por el alcohol, y sé que tengo cierta predisposición hacia el alcohol, y que tengo que tener mucho cuidado con ello. De hecho, entre los veintitantos y los treinta y tantos el alcohol se llevó casi lo mejor de mi vida. Pero aunque yo pueda tener una predisposición a ese problema, ¿tiene algún sentido atribuirle a mi padre o a mi abuelo la responsabilidad de que yo sea un bebedor? Yo soy el que decide tomar esa primera copa.

Tenía ganas de decir algo, así que añadí:

—Hace poco asistí a un curso sobre ética empresarial para ejecutivos, donde se nos hizo ver que la palabra «responsabilidad» contiene el término «habilidad» y el término «responder», significa capacidad para responder. En el curso aprendimos que estamos sometidos a todo tipo de estímulos: facturas, malos jefes, problemas conyugales, problemas con los empleados, problemas con los hijos, problemas con los vecinos, problemas con todo. No podemos evitar esos problemas, pero, como seres humanos, tenemos la capacidad de elegir la respuesta que les damos.

—De hecho —dijo el profesor hablando más deprisa—, la capacidad para escoger nuestra respuesta es una de las glorias del ser humano. Los animales responden de acuerdo con su instinto. La guarida que hace un oso de Michigan es igual que la de un oso de Montana, y el arrendajo azul de Ohio construye el mismo tipo de nido que el arrendajo azul de Utah. Lo que quiero decir es que podemos enseñar a Flipper a saltar a través de un aro en el acuario, pero es difícil atribuirle el mérito del entrenamiento; probablemente el delfín ni siquiera se da cuenta de ello, lo único que sabe es que al final de la exhibición tendrá la barriga llena de pescado.

El sargento asintió con la cabeza:

—Sí, está el chico que vuelve de Vietnam en una silla de ruedas y se engancha a la heroína, completamente quemado, y el que vuelve de Vietnam en una silla de ruedas y se hace jefe del Departamento de Veteranos. El estímulo es el mismo, pero no se puede decir que la respuesta también lo sea.

El profesor siguió adelante:

—Viktor Frankl, estoy seguro que algunos habréis oído hablar de él, escribió un famoso librito titulado *El hombre en busca de sentido* que os recomiendo vivamente. Frankl era un psiquiatra judío que se educó en la prestigiosa universidad de Viena, de la que más tarde fue profesor, la misma universidad en la que estudió Freud. Frankl fue un ferviente defensor del determinismo, igual que su ídolo y mentor, Sigmund Freud. Cuando llegó la guerra, Frankl fue internado en un campo de concentración durante varios años, le arrebataron sus bienes, perdió prácticamente a toda su familia y padeció terribles experimentos médicos a manos de los nazis. Sufrió terriblemente, desde luego el libro no es muy adecuado para almas sensibles. Pero, en medio de tanto sufrimiento, aprendió mucho sobre la gente y la naturaleza humana, y esto le llevó a reconsiderar su postura respecto al determinismo. Voy a leeros un pasaje de su libro:

Sigmund Freud dijo una vez: «Imaginemos un grupo de personas obligadas a pasar hambre por igual. A medida que aumente la imperiosa urgencia de comer, se irán desdibujando todas las diferencias individuales y en su lugar aparecerá la expresión uniforme de la única e inaplazable urgencia». Gracias a Dios, Freud no tuvo ocasión de conocer los campos de concentración desde dentro. Sus pacientes están recostados en un muelle diván de estilo victoriano, y no sobre la basura de Auschwitz. Pero, en Auschwitz, las «diferencias individuales» no sólo no se desdibujaban, sino que, muy al contrario, la gente se diferenciaba cada vez más porque todos acababan desenmascarándose, los santos y los cerdos...

El hombre, en última instancia, se determina a sí mismo. Acaba siendo lo que hace de sí mismo. En los campos de concentración, por ejemplo, en esos laboratorios vivos, en esos campos de pruebas, fuimos testigos de cómo algunos de nuestros compañeros se portaron como santos, mientras que otros se portaban como cerdos. El hombre lleva en sí ambas potencialidades, cuál de las dos actualice depende de sus decisiones, no de las condiciones en que se encuentre.

Nuestra generación es realista, porque hemos llegado a conocer al hombre tal como es en realidad. Después de todo, el hombre es ese ser que inventó las cámaras de gas de Auschwitz; y, sin embargo, es también ese ser que entró en esas cámaras de gas llevando la cabeza alta y el Padrenuestro o el Shema Yisrael en los labios.

Pasados unos momentos, la directora de escuela dijo en voz baja:

—¡Anda que menudo cambio de paradigma! Figúrate un determinista empedernido diciendo: «El hombre, en última instancia, se determina a sí mismo y acaba siendo lo que hace de sí mismo», o eso de que lo que se actualiza en las personas «depende de sus decisiones, no de las condiciones». Es increíble.

Durante la sesión de la tarde, Simeón volvió a insistir sobre la importancia de la responsabilidad y la elección.

—Quisiera contaros una historia que me pasó hace unos sesenta años. Yo estaba en sexto grado, y mi profesor, el señor Caimi, dijo algo que me impresionó más que ninguna otra cosa que hubiera oído en mi vida. Los chicos en clase se estaban quejando porque tenían deberes y el señor Caimi dijo a voces: «¡Yo no puedo obligaros a hacer los deberes!». ¡Aquello desde luego nos pareció sorprendente! Luego siguió diciendo: «Sólo hay dos cosas en la vida que tenéis que hacer: tenéis que morir y tenéis que…».

—¡Pagar los impuestos! —soltó el sargento.

—Exacto, Greg, morir y pagar los impuestos. Bueno, ¡a mí me pareció lo más liberador que había oído en mi vida! ¡Menudo chollo! Porque, a ver, yo estaba en sexto grado, así que lo de morir me parecía muy remoto, y yo no tenía dinero, así que lo de los impuestos no iba conmigo. ¡Por fin libre! Así que de vuelta a casa, era martes, día de recogida de basura, me dice mi padre: «Hijo, por favor, saca la basura». Y yo le digo: «Un momento, papá, que el señor Caimi nos ha dicho hoy que sólo hay dos cosas en la vida que tenemos que hacer: morir y pagar impuestos». Nunca olvidaré su respuesta; me miró y me dijo en voz baja pero muy claro: «Hijo, me alegro de que aprendáis cosas tan útiles en la escuela. ¡Y ahora, prepara el culo, porque acabas de decidir que quieres morir!».

Cuando cesaron las risas, el profesor continuó:

—Pero, sabéis, el señor Caimi no dijo toda la verdad ese día. Hay gente que decide no pagar impuestos. Mientras estamos aquí hablando, hay gente que está viviendo en los bosques del noroeste del Pacífico desde que acabó la guerra del Vietnam. Ni siquiera usan dinero, no digamos ya lo de pagar impuestos. Chicos, sólo hay dos cosas que tenéis que hacer en esta vida, tenéis que morir y tenéis que tomar decisiones. De eso no hay quien se libre.

—¿Y si decides que pasas de todo y que no haces ninguna elección, ni tomas ninguna decisión? —dijo el sargento desafiante.

La directora de escuela contestó:

—El filósofo danés Kierkegaard dijo una vez que no tomar una decisión ya es una decisión. No hacer una elección es en sí mismo una elección.

—Bueno, pues entonces, ¿a qué viene tanta lección sobre la elección y la responsabilidad, Simeón? —insistió el sargento.

—Recuerda, Greg, dijimos que la vía de la autoridad y el liderazgo empieza con la voluntad. La voluntad consiste en las elecciones que hacemos para que nuestros actos sean consecuentes con nuestras intenciones. Estoy sugiriendo que, a la postre, todos tenemos que tomar decisiones respecto a nuestro comportamiento y tenemos que aceptar nuestras responsabilidades sobre estas decisiones. ¿Vamos a optar por ser pacientes o por ser impacientes? ¿Por ser amables o por ser antipáticos? ¿Por escuchar activamente o por limitarnos a estar callados a la espera de tener ocasión de hablar? ¿Por ser humildes o por ser arrogantes? ¿Por ser respetuosos o por ser ofensivos?, ¿generosos o egoístas?, ¿indulgentes o rencorosos?, ¿honrados o deshonestos?, ¿comprometidos o sólo implicados?

—Sabes, Simeón —dijo el sargento más tranquilo—, he estado pensando en ese comentario que te hice, a principios de la semana, sobre el comportamiento de amar que me parecía antinatural. Lee me llamó la atención sobre ello y me hizo ver que, de hecho, sí que elijo comportarme así cuando se trata de gente importante. Pero, realmente, no es algo que me salga naturalmente, y me agobio sólo de pensar en intentarlo también con la tropa. Sencillamente, es que no parece que esté en la naturaleza humana.

La directora de escuela dio una cita:

—La naturaleza humana es «hacérselo encima» dijo una vez un experto.

—Bueno, ¡vaya con lo que sale!, ¿de dónde has sacado eso? —dijo el sargento con voz cansada.

—Del autor de *Un camino sin huellas*, un psiquiatra llamado M. Scott Peck, que da muchas conferencias —dijo Theresa riéndose—. Suena un poco grosero, pero creo que ilustra una gran verdad. Al niño pequeño, sentarse en el orinal le parece lo más antinatural del mundo. Es mucho más fácil hacérselo tranquilamente encima. Pero con el tiempo, este acto antinatural se convierte enseguida en un acto natural, en cuanto el niño empieza a practicar una autodisciplina y desarrolla el hábito de usar el orinal.

—Supongo que eso es igualmente válido para cualquier disciplina —apuntó la enfermera—. Sea usar el orinal, lavarse los dientes, aprender a leer y a escribir, y en la práctica para la adquisición de cualquier destreza, tenemos que disciplinarnos para aprender. De hecho, ahora que lo pienso, la disciplina es enseñarnos a hacer lo que no es natural.

—Fantástico, fantástico —exclamó el profesor—. Podemos disciplinarnos para hacer lo que es antinatural, hasta que se convierta en algo natural y habitual. Y todos sabemos que el hombre es un animal de costumbres. ¿Os habéis fijado en que estáis sentados exactamente en el mismo sitio que ocupasteis en la primera sesión del domingo?

—Tienes razón, Simeón —dije, sintiéndome un poco tonto.

El profesor siguió adelante:

—Puede que alguno de vosotros conozca lo de las cuatro etapas en el desarrollo de nuevos hábitos o destrezas. Estas etapas se aplican al aprendizaje de hábitos buenos y malos, destrezas buenas y malas y comportamientos buenos y malos. Os diré para animaros que estas etapas se aplican perfectamente al aprendizaje de nuevas destrezas para el liderazgo.

Simeón fue hasta la pizarra y escribió:

Primera etapa: Inconsciente e inexperto

En esta etapa se desconoce el comportamiento o hábito en cuestión. O sea, antes de que tu madre quiera que utilices el orinal, antes de haber tomado la primera copa, o de haber fumado el primer cigarrillo, antes de aprender a esquiar, a jugar al baloncesto, a tocar el piano, a escribir a máquina, a leer, a escribir, antes de lo que sea. Es esa etapa en la que no se es consciente o no se está interesado en aprender esa nueva destreza en la que, por supuesto, se es inexperto.

Simeón se volvió a la pizarra y escribió:

Segunda etapa: Consciente e inexperto

Esta es la etapa en que eres consciente de un nuevo comportamiento, pero aún no has desarrollado las destrezas necesarias. Cuando tu madre empieza a sugerirte utilizar el orinal; cuando ya has probado el primer cigarrillo o la primera copa, que tan mal te supo; cuando te has puesto unos esquís; has intentado encestar la pelota; o te has sentado al piano o a la máquina de escribir por primera vez. Todo resulta muy raro, muy antinatural y, tal vez, algo intimidatorio. Como decías hace un momento, Greg, ahora mismo la idea de aplicar y practicar esos principios te da un poco de miedo, precisamente porque estás en esta etapa. Pero, si sigues con ello, pronto avanzarás a la siguiente etapa.

Simeón se dio la vuelta y escribió:

Tercera etapa: Consciente y experimentado

En esta etapa ya has adquirido las destrezas y te encuentras cada vez más a gusto con el nuevo comportamiento o con las nuevas técnicas. Esta es la etapa en que el niño ya sólo tiene algún «accidente» de vez en cuando; cuando los cigarrillos y el alcohol nos saben bien; cuando lo de esquiar ya no es tan difícil; cuando alguien con el potencial de Michael Jordan es todavía consciente de su forma, pero está empezando a automatizar sus movimientos, y cuando el mecanógrafo o la pianista ya no tienen que mirar casi nunca el teclado. En esta etapa «te estás haciendo con ello». ¿Cuál creéis que es la última etapa en la evolución del desarrollo de nuevos hábitos?

—Inconsciente y experto —contestaron tres a la vez.

—Exacto —dijo el profesor, y escribió:

Cuarta etapa: Inconsciente y experto

Esta es la etapa en que ya no tienes que volver a pensar en ello. Cuando lavarte los dientes o usar el baño por la mañana es la cosa más «natural» del mundo. Es la etapa final del alcohólico y del fumador empedernido, cuando prácticamente no son conscientes de su comportamiento, de su hábito. Es cuando bajar esquiando por la ladera de una montaña resulta tan natural como andar por la calle. Esta etapa describe como está Michael Jordan en la cancha. Muchos comentaristas deportivos han notado que Michael actúa de manera «inconsciente» en la cancha, lo cual es una descripción mucho más cercana a la realidad de lo que ellos probablemente piensan. Y es que es cierto, Jordan no tiene que pensar sobre su forma o su estilo, porque se ha vuelto natural en él. Esta etapa encaja también con el mecanógrafo experto que va a toda velocidad, o con la pianista que no tiene que pensar ya en qué tecla tiene que dar cada uno de sus dedos. Han conseguido que les resulte «natural». Greg, esta es la etapa en que los líderes han conseguido incorporar esos comportamientos a sus hábitos, a su verdadera naturaleza. Son los líderes que no tienen que intentar ser buenos líderes, porque ya son buenos líderes. En esta etapa un líder no necesita intentar ser buena persona, porque es buena persona.

—Suena como si estuvieras hablando de conformar un carácter, Simeón —sugerí yo.

—Exactamente, John —confirmó el profesor—. El liderazgo no es una cuestión de personalidad, posesiones o carisma, sino de lo que tú eres como persona. Durante una época pensé que el liderazgo era cuestión de estilo, pero ahora sé que es cuestión de sustancia, es decir de carácter.

—Sí, si te paras a pensarlo —intervino mi compañero de habitación—, entre los grandes líderes se han dado personalidades y estilos muy diferentes. Pensad en lo diferentes que eran el general Patton y el general Eisenhower, Vince Lombardi y Tom Landry, Lee Iacocca y Mary Kay, Franklin Roosevelt y Ronald Reagan, o Billy Graham y Martin Luther King. Sin duda tienen estilos muy distintos, pero todos son verdaderos líderes. Tienes razón, Simeón, debe haber algo más que estilo y tire de rollo en esto.

Simeón añadió:

—Las obras de amor y liderazgo son asunto de carácter. Paciencia, simpatía, humildad, generosidad, respeto, indulgencia, honradez y compromiso son aspectos del carácter, o hábitos, que han de ser desarrollados y madurados si queremos convertirnos en líderes de éxito y aguantar la prueba del tiempo.

—Siento colocaros otra cita —dijo la directora de escuela—, pero hay un viejo dicho sobre la causa y el efecto, que estoy segura de que les gustaría mucho a los deterministas, y que viene como anillo al dedo: «Las ideas se convierten en actos, los actos en nuestro carácter y nuestro carácter en nuestro destino».

—Por Dios, Theresa, me encanta —aseguró el pastor.

—Sí, sí, alabemos al Señor —masculló el sargento, cerrando la sesión.

CAPÍTULO SIETE

Los resultados

Todo esfuerzo disciplinado
tiene una recompensa múltiple.

JIM ROHN

Eran las cinco menos diez de la última mañana que iba a pasar con el profesor y me encontraba en silencio a su lado.

De pronto se dio la vuelta hacia mí y me preguntó:

—De todas las cosas que has aprendido esta semana, ¿cuál te parece la más importante, John?

—No estoy seguro, pero creo que el verbo «amar» tiene algo que ver con ella —repliqué de inmediato.

—Has aprendido bien, John. Hace mucho tiempo había un letrado, solían llamarlos escribas, que preguntó a Jesús cuál era el mandamiento más importante del judaísmo. Tienes que entender el contexto; el judaísmo llevaba siglos de evolución y todo estaba registrado en miles de rollos, ¡pero este letrado quería saber sólo una cosa: la más importante de toda la religión! Y Jesús quiso complacerle. Le dijo simplemente que era amar a Dios y al prójimo.

—Así pues, ¿amar es incluso más importante que ir a la iglesia o seguir determinadas reglas?

—He descubierto que, desde luego, estar amparado por una comunidad amante en el viaje de la vida es importante, pero que el amor es infinitamente más importante. Un antiguo y sabio cristiano, llamado Pablo, escribió hace casi dos milenios que, al final, sólo importaban tres cosas: fe, esperanza y amor. Creo que si sigues el amor irás por buen camino, John.

—Sabes, Simeón, no nos has estado predicando ni has intentado imponer tus creencias religiosas a ninguno de nosotros. ¡Y eso que eres un monje! Al principio, cuando llegué aquí, estaba asustado de que me sermonearan.

—Creo que fue Agustín quien dijo que debemos predicar el Evangelio allá donde vayamos y usar las palabras sólo cuando es necesario.

—Sí, bueno, me figuro que realmente no necesitas palabras. Tu vida es un ejemplo para todos nosotros. Quiero decir que eres un modelo de generosidad, dejándolo todo para venir aquí a servir…

—Muy al contrario, John. Son muchas las razones egoístas por las que decidí servir y vivir aquí. El servicio, el sacrificio personal y la obediencia al abad y a las órdenes obran maravillas en mi naturaleza tan egotista. Cuanto más consigo rebajar mi ego y mi soberbia, más gozo tengo en la vida. John, ¡mi gozo es absolutamente inefable y estoy aquí egoístamente tratando de conseguir más!

—Desearía tener una fe como la tuya, Simeón. Pero la fe, el liderazgo, el amor y todas esas cosas de las que hemos hablado esta semana son muy naturales para ti, pero tan difíciles para mí…

—Recuerda, John, las cosas no son siempre lo que parecen. Al principio a mí también esas cosas me eran extrañas y difíciles. Sólo Dios sabe lo que he luchado, y sigo luchando hoy en día para negarme a mí mismo y dar lo mejor de mí a los demás. Pero he de admitir que ahora me resulta más fácil porque tengo ya el hábito adquirido y no tengo que pensar en ello. Y Jesús me ha ayudado en esta vía.

—Bueno, por eso preguntaba. Puedo aceptar que estés convencido de que Jesús te ayuda. Pero supongo que necesitaría una prueba algo más sólida. Desgraciadamente para mí, tú no puedes probar la existencia de Dios.

—Tienes razón, John. Yo no puedo demostrarte empíricamente la existencia de Dios, del mismo modo que tú no puedes demostrarme empíricamente que Dios no existe. Y, sin embargo, veo la evidencia de Dios allá donde ponga los ojos. Tú ves un mundo diferente cuando miras a tu alrededor. Acuérdate de lo que hablamos uno de estos días, no vemos el mundo como es, vemos el mundo como somos.

—Tal vez tenga que empezar a ver las cosas de forma algo diferente.

—Recuerda el poder de la percepción selectiva, John. Vemos y encontramos aquello que andamos buscando.

Estaba sentado en el sofá media hora antes de la sesión de la mañana, absorto en la contemplación de las llamas y completamente perdido en mis pensamientos. De repente, se me empezaron a caer las lágrimas, algo que no me había ocurrido en más de treinta años.

El sargento se me acercó y se sentó a mi lado en el sofá; me dio unas palmaditas en la rodilla y me preguntó:

—¿Estás bien, socio?

Me limité a asentir con la cabeza. Curiosamente, para mi mayor sorpresa no me sentía nada violento porque se me cayeran las lágrimas, ni sentí la necesidad de esconderlas. Me limité a dejar que fluyeran.

Y el sargento siguió sentado a mi lado, en silencio.

—Estas son las dos últimas horas que vamos a pasar juntos como grupo y tengo curiosidad por saber si os queda alguna duda sobre los temas que hemos discutido. ¿Tenéis algún «sí, pero...» o «qué pasa si...»?

—Parece mucho trabajo... —dije con voz algo temblorosa—. El esfuerzo que se requiere para conseguir influencia, el trabajo de prestar atención, de amar, de dar lo mejor de uno mismo por los demás, y la disciplina que se requiere para adquirir esas nuevas destrezas y esos nuevos comportamientos... No puedo dejar de preguntarme, Simeón, ¿vale la pena tanto esfuerzo?

—John, esa es una pregunta que yo mismo me he hecho muchas veces a lo largo de los años. El líder que se funda en la autoridad está llamado a hacer muchas elecciones y muchos sacrificios. Se requiere mucha disciplina. Pero, por supuesto, es lo que nos comprometimos a hacer cuando nos ofrecimos a ser líderes.

La entrenadora empezó a agitarse en su asiento, estaba claro que deseaba hablar.

—Una de las cosas que les digo a nuestros atletas es que la disciplina requiere dedicación y trabajo duro, pero lo bueno es que siempre compensa. Por ejemplo, ¿alguno de vosotros hace ejercicio regularmente?

—Yo intento patinar tres o cuatro veces a la semana —dijo la enfermera.

Chris siguió diciendo:

—Kim, ¿tú dirías que tiene múltiples compensaciones el esfuerzo y la disciplina que te requiere salir a patinar?

—¡Ya lo creo! —respondió Kim con entusiasmo—, ¡para empezar me encuentro mejor, tengo la cabeza más despejada, me siento más conectada espiritualmente, no tengo que estar tan pendiente de mi dieta y me ayuda a controlar el síndrome premenstrual!

—Los entrenadores enseñamos a nuestros jugadores que este principio es válido para cualquier disciplina a la que uno se comprometa. Pensad en las compensaciones que tiene haber aprendido a ir al baño, a lavarse los dientes con regularidad, a leer y a escribir; en las compensaciones de haber sido educado, de haber aprendido a tocar el piano, a coser o a cualquier otra cosa. Yo diría que este mismo principio es válido para disciplinarnos a nosotros mismos a dirigir desde la autoridad.

—Dirías bien, Chris —replicó el profesor, complacido—. Hay desde luego múltiples compensaciones, o como me gusta decir «resultados». ¿Se os ocurre alguno?

—Bueno, yo empezaría por lo más evidente —contestó la directora de escuela—. Si elegimos dar lo mejor de nosotros mismos y sacrificarnos por los demás, tendremos influencia sobre ellos. Un líder que sabe cómo influenciar a los demás es un líder muy solicitado.

—Gracias, Theresa. ¿Y qué más?

—Te da una misión en la vida —anunció el sargento.

—¿Qué quieres decir, Greg? —preguntó Simeón.

—Una de las razones por las que la vida militar me parece una buena vida es porque nos da una misión, un propósito, una visión, en suma una razón para levantarse por la mañana. Como ha dicho la entrenadora, el esfuerzo disciplinado, incluido el que se requiere para ser un hombre, eh… persona del Ejército, tiene muchas compensaciones. La misión de forjarse una autoridad sirviendo a aquellos que están bajo su responsabilidad puede dar a ese hombre, o a esa mujer, un verdadero objetivo en esta vida. Es una misión que conlleva un propósito y un sentido.

—Lo has expresado maravillosamente, Greg. Te lo agradezco infinito —sonrió el profesor—. Si consideramos los objetivos que hay que cumplir para conseguir dirigir con autoridad, veréis que requieren mucho trabajo. El esforzarse en ser afable, en escuchar activamente, en ofrecer nuestro aprecio, elogios y reconocimiento, en establecer los estándares, en hacer que la gente responda a ellos, en esclarecer expectativas…, desde luego todo eso es una misión que hay que llevar día a día, como ha dicho Greg.

—Si te paras a pensarlo —añadió el pastor—, una vida disciplinada de liderazgo fundado sobre la autoridad equivale a un ideario personal. Se ha hecho popular en estos últimos años entre las organizaciones el publicar sus idearios y articular sus principios. Pero pensad en lo importante que es tener un ideario personal que hable de lo que somos y de por qué luchamos. Alguien dijo una vez que si no luchamos por algo nos dejaremos vencer por todo.

—Una de las cosas que aprendí, en el tiempo que pasé en el seno de una corporación —intervino el profesor—, es que esos idearios corporativos están muy bien, y supongo que hasta sirven a un propósito útil. Pero no olvidemos que la gente se deja convencer más fácilmente por el líder que por el ideario. Una vez que hayan dado por bueno el líder, darán por bueno cualquier ideario que el líder apoye.

La directora de escuela comentó:

—Te estoy muy agradecida, Greg, por sacar este tema de la misión, el propósito y el sentido. Nuestros alumnos buscan, a veces desesperadamente, un propósito y un sentido a sus vidas, y cuando no se satisface esa necesidad, se vuelcan en las drogas, la violencia y toda una legión de calamidades con las que intentan colmar ese vacío.

El profesor añadió:

—Leí una vez un artículo a propósito de un estudio sociológico sobre un centenar de personas mayores de noventa años. Les hicieron contestar a una sencilla pregunta en la encuesta: «Si volviera a vivir, ¿qué es lo que haría de forma diferente?». Las tres respuestas más recurrentes fueron que tomarían más riesgos, que reflexionarían más y que harían más cosas que les sobrevivieran.

—Bueno, seguro que liderar con autoridad implica correr algún riesgo —dijo el sargento sin dudarlo—. Si topas con un jefe al que le vaya el estilo «poder», tienes grandes posibilidades de encontrarte rápidamente en la calle.

—Oye, Greg, en esta vida todo son riesgos —repliqué—. Sobre todo para un líder. Bum Phillips, el antiguo entrenador de los Houston Oilers, comentó una vez: «Sólo hay dos clases de entrenadores, ¡el que acaban de echar y el que está a punto de que lo echen!». Hazte a la idea: ser líder es vivir peligrosamente.

—Me gusta eso de «reflexionar más» que sale en la encuesta —dijo la enfermera pensativa—. A principios de esta semana, Simeón nos pidió que reflexionáramos más sobre la ingente responsabilidad de tener seres humanos a nuestro cargo. Creo que esos cien viejecitos tienen toda la razón, debemos reflexionar hoy sobre nuestras responsabilidades, y no dejarlo para cuando estemos en alguna residencia en el ocaso de nuestras vidas.

El pastor añadió:

—A mí me gusta lo de «hacer más cosas que nos trasciendan». He pasado mucho tiempo con ancianos, y lo de haber significado algo en la vida de otros es crucial a la hora de envejecer y morir en paz. En último término, la única pregunta importante es: ¿de qué ha servido mi vida? En nuestro papel de líderes, se nos ofrece una oportunidad única de que nuestra vida suponga realmente algo en la vida de los otros. Claro que también podemos seguir con lo que hace todo el mundo y dirigir a la antigua usanza: «O lo haces, o...». Pero, por supuesto, a los que siguen con lo de todo el mundo, nunca les seguirá todo el mundo.

La directora de escuela dijo:

—Significar algo en la vida de los otros es tan importante... Hay un antiguo dicho de una tribu india que reza: «Cuando naciste lloraste y el mundo se llenó de gozo. Vive tu vida de manera que cuando mueras el mundo llore y tú te llenes de gozo».

—Me gusta eso, Theresa —comentó la enfermera—. Simeón, me parece que otra de las compensaciones podría ser una vida de conformidad espiritual. Si realmente dirigimos con autoridad, si damos lo mejor de nosotros mismos a los otros, estaremos siguiendo la Regla de Oro. Nuestras vidas serán conformes a la ley de Dios, o a nuestro más alto poder, si preferís. Hace ya algunos años asistí a unas clases sobre religiones comparadas y recuerdo que leí el clásico de Huston Smith, *The Religions of Man*. En el epílogo el autor trata de las relaciones entre las grandes religiones del mundo y concluye que, en buena medida, vienen a ser la misma. Es decir, cada una de las grandes religiones del mundo contiene alguna versión de la regla de oro.

—¡Buen punto, Kim! —exclamó la entrenadora—. Siempre me he preguntado cómo podía integrar mis creencias espirituales en mi trabajo y creo que la clave puede estar en esto. Como dice Vince Lombardi, nuestros jugadores y nuestros asociados no tienen por qué gustarnos, pero, como líderes, estamos llamados a amarlos y a tratarlos como quisiéramos que se nos tratara. ¿Y cómo es eso? ¿Querría yo que mi director fuera paciente conmigo, que me prestara atención, que me apreciara, que me animara, que fuera sincero conmigo, que me tratara con respeto, que satisficiera mis necesidades según van surgiendo, que me perdonara cuando meto la pata, que fuera honrado conmigo, que me informara sobre los resultados de mi trabajo, que me pidiera responsabilidades y, finalmente, que me pidiera comprometerme? Claro que sí. Por tanto, la regla de oro dice cómo me tengo que comportar con aquellos a los que dirijo. Me tengo que comportar con ellos exactamente como quisiera que a mí se me tratara.

—Si de veras tenemos un Padre en el cielo, y por supuesto yo estoy convencido de que así es —dijo Simeón suavemente—, ¿no os parece que tiene sentido que la regla de su casa sea que nos amemos unos a otros? Insisto, no amor en el sentido de qué sentimos unos por otros, sino de cómo nos comportamos unos con otros. Si me permitís voy a hacer una analogía entre mi situación como padre de cinco hijos y la de Dios con sus hijos. Como padre, y por mucho que desearía que fuera de otra manera, sé que mis hijos no siempre se llevan bien entre ellos. Sé que habrá conflictos. Sé que incluso pueden no gustarse. Pero lo que yo espero de ellos es que se traten unos a otros con respeto. Que se traten unos a otros como personas importantes que son todos ellos. Tratarse unos a otros como desearían que se les tratase, esa era la regla en mi casa. ¿No creéis que Dios mira a sus hijos de manera parecida?

Ni siquiera el sargento puso objeciones a este sermón y paramos para la pausa de la mañana.

—Esta es la última hora que vamos a pasar juntos —empezó el profesor—, y hemos hablado ya de muchas compensaciones de la disciplina que exige el liderazgo con autoridad. Pero nos hemos dejado una que es verdaderamente valiosa y merece ser mencionada: la recompensa del gozo.

—¿El gozo, Simeón? —preguntó el sargento respetuosamente—. ¿Qué tiene que ver el gozo con el liderazgo?

—Por gozo, Greg, no me estoy refiriendo a felicidad, porque la felicidad se funda en los sucesos. Que ocurren cosas buenas, pues soy feliz. Que ocurren cosas malas, pues soy infeliz. El gozo es un fenómeno mucho más profundo y no se basa en circunstancias exteriores. Muchos de los grandes han hablado de ese gozo: Buda, Jesucristo, Gandhi, Martin Luther King, incluso la Madre Teresa. El gozo tiene que ver con la satisfacción interior y con la convicción de estar siguiendo los profundos e inmutables principios de la vida. Servir a los otros nos libera de las cadenas del egoísmo que estrangulan el gozo de la vida.

Sentí la necesidad de hablar:

—Mi mujer suele decirme que trata a muchísimos pacientes absolutamente egotistas, que no han llegado a crecer emocionalmente. Me lo ha explicado así: en un sentido, los recién nacidos y los niños pequeños son las criaturas más egoístas de todas, son verdaderas máquinas de necesidades y deseos. Para el niño, las necesidades y deseos personales son inmediatos, los exige a grito pelado; y ciertamente su propia supervivencia depende de ello. Hacia los dos años, la mayor parte de los niños se convierten en unos tiranos que subordinan todo su entorno a sus órdenes y deseos. Desgraciadamente hay muchas personas que van por la vida como niños de dos años (en lo emocional) disfrazados de adultos, pretendiendo que el mundo entero satisfaga sus deseos y sus necesidades. La gente que no consigue crecer se hace más y más egoísta, está cada vez más absorta en sí misma. Estas personas acaban levantando verdaderas murallas emocionales para proteger sus vidas, exclusivamente centradas en sí mismas. Mi mujer dice que están muy solos y son muy desgraciados tras esa muralla.

El pastor añadió:

—Yo les digo con frecuencia a la gente joven que una de las virtudes de la institución del matrimonio es que le ofrece a la pareja la oportunidad de crecer, de dejar de mirarse el ombligo, atendiendo a las necesidades del cónyuge respectivo. Tener hijos es otra oportunidad de crecer y de superar el propio egoísmo, en tanto en cuanto tenemos que dar lo mejor de nosotros mismos por nuestros hijos. Una de las cosas contra las que hay que luchar cuando se vive solo, y también cuando uno se va haciendo mayor, es contra un egocentrismo excesivo. Los egocéntricos son las personas más solas y más desgraciadas que conozco.

La enfermera habló de nuevo:

—Parece que nuestro ego, nuestro orgullo y nuestro egoísmo andan siempre estorbando. En el libro de Smith del que hablaba antes, se afirma que todas las grandes religiones del mundo concluyen que el mayor problema del hombre desde el principio de los tiempos es su naturaleza egocéntrica, su soberbia y su egoísmo. Smith llega a la conclusión de que todas las grandes religiones del mundo enseñan a superar nuestra egoísta naturaleza.

El pastor sugirió:

—De acuerdo con mi fe, el hombre nació con ese pecado que llamamos el pecado original. Tal vez el pecado original consista en nuestra naturaleza egoísta. Ayer nos preguntábamos en qué consiste la naturaleza humana. Anoche, dándole vueltas a esta cuestión, me di cuenta de que mi naturaleza básica me lleva a ser siempre yo primero. ¡Dar lo mejor de mí mismo para los demás desde luego no está en mi naturaleza! Como decía Kim, disciplinarse para dar lo mejor de sí mismo por los demás consiste en aprender a hacer lo que no nos es natural.

La directora de escuela añadió:

—C. S. Lewis, uno de mis autores favoritos, dijo una vez que si no crees ser demasiado egocéntrico, probablemente es que lo eres, y mucho. Para ilustrar este punto nos propone mirar unas cuantas fotos de familia y preguntarnos luego si de veras no juzgamos la calidad de las fotos en función de si salimos bien en ellas o no.

—A mí eso me cuadra perfectamente, gracias —asintió el profesor sonriendo—. Amar a los demás, dar lo mejor de uno mismo, dirigir con autoridad nos obliga a derribar esa muralla de egoísmo y a allegarnos a los demás. Al posponer nuestras propias necesidades y deseos y dar lo mejor de nosotros mismos por los demás, estamos creciendo. Nos dejamos de preocupar tanto por nosotros mismos y tomamos más conciencia del otro. El gozo que experimentamos es un derivado de esta entrega.

Intervino de nuevo la directora de escuela:

—Al Dr. Karl Menninger, un conocido psiquiatra, le preguntaron en una ocasión qué le recomendaría a alguien que estuviera al borde de una depresión. Contestó que le diría que saliera de casa y cruzara al otro lado de la vía para encontrar a alguien necesitado y ayudarlo.

—Creo que eso es bastante obvio —afirmó el sargento—. Cuando hacemos algo bueno por alguien, naturalmente nos sentimos bien. Supongo que hasta para firmar el talón que envío a mi organización caritativa todos los fines de año, una de las mayores motivaciones es precisamente esa, que me siento bien haciéndolo.

—Gracias por tu sinceridad, Greg —terció el profesor—. Quiero citaros a uno de mis personajes favoritos, el Dr. Albert Schweitzer. Dice así: «No sé cuál es nuestro destino, pero de una cosa estoy seguro: los únicos que conseguirán ser realmente felices serán aquellos que hayan intentado ver en qué forma podían servir y que hayan dado con ella». Puede que el servicio y el sacrificio sean lo que tenemos que pagar por el privilegio de la vida.

El pastor dijo:

—En el evangelio de Juan, Jesús les dice a sus discípulos que el increíble gozo de Él puede ser el de ellos si obedecen el mandamiento que les da. Acaba diciendo: «Este es mi mandamiento, que os améis los unos a los otros como yo os he amado». Jesús sabía del gozo que tendrían en amar dando lo mejor de sí mismos por los otros.

—¡Por favor, volvamos al tema, antes de que el predicador pase el cestillo de la colecta!

El profesor accedió de buen grado:

—El tema, Greg, es que hay un gran gozo en dirigir con autoridad, que consiste en servir a los demás satisfaciendo sus legítimas necesidades. Y este gozo es el que nos sostiene en nuestro paso por este campamento de reclutas que llamamos planeta Tierra. Estoy convencido de que nuestro propósito aquí abajo no tiene por qué consistir en ser feliz, ni siquiera en satisfacer nuestras ambiciones personales. Nuestro propósito aquí como seres humanos es desarrollarnos hasta alcanzar una madurez en lo psicológico y en lo espiritual. Eso es lo que complace a Dios. Amar, servir, dar lo mejor de nosotros mismos por los demás nos obliga a salir de nuestro egocentrismo. Amar a los demás nos obliga a crecer.

—Y empieza con una elección —recordó el sargento—. Intenciones menos acciones igual a cortedad. Tenemos que actuar a base de lo que hemos aprendido porque, si nada cambia, nada cambia.

—Creo que lo podría expresar mejor, Greg —bromeó la directora de escuela—. ¡Hay que estar loco para seguir haciendo lo mismo y esperar resultados distintos!

Todo el grupo se echó a reír.

—Se nos ha acabado el tiempo —dijo el profesor poniéndose serio de repente—. He aprendido mucho esta semana y os estoy muy agradecido por las extraordinarias ideas y aportaciones con las que cada uno de vosotros ha contribuido a nuestro pequeño grupo.

—¿Incluido yo? —preguntó el sargento, incrédulo.

—Tú muy especialmente, Greg —contestó sinceramente el profesor—. En conclusión, rezo porque el viaje que cada uno de vosotros haga por esta vida pueda ajustarse en algún grado como resultado de haber pasado esta semana juntos. Puede parecer que una diferencia de «algún grado» no es muy importante en un viaje corto, pero en el largo viaje de la vida puede suponer una desviación que cambie absolutamente vuestro punto de llegada. Buena suerte y que Dios bendiga a cada uno de vosotros en el viaje que tenéis por delante.

Epílogo

Un viaje de tres mil leguas empieza con un solo paso.

PROVERBIO CHINO

Los seis participantes del retiro comimos juntos por última vez antes de decirnos adiós. Corrieron muchas lágrimas. Hasta el pastor y el sargento se abrazaban y reían a carcajadas.

El sargento propuso que nos volviéramos a reunir en un plazo exacto de seis meses, y todos prometimos asistir con gran entusiasmo. Greg se ofreció también para hacer de secretario del grupo y prometió que nos informaría a todos de la fecha y el lugar de la reunión. El mismo que tantos problemas había tenido con el retiro era el que no quería que se acabara.

Estaba empezando a ver con claridad que las cualidades que más me irritaban en los otros, en gente como el sargento, eran las que más aborrecía en mí mismo. En Greg estaban sencillamente un poco más a la vista, porque al menos él era auténtico y no se engañaba a sí mismo. Uno de los muchos propósitos que me había hecho esa semana era engañarme un poco menos y esforzarme un poco por ser auténtico con la gente. «Humildad» creo que fue la palabra que empleó el profesor.

—Espero que Simeón pueda asistir a nuestra reunión —apuntó la enfermera—. Greg, no vayas a olvidarte de invitarle, ¿de acuerdo?

—Eso está hecho —prometió el sargento—. Por cierto, ¿ha visto alguien a Simeón? Realmente esperaba tener ocasión de despedirme de él.

Di una vuelta buscando al profesor, pero parecía haberse esfumado.

Cogí la bolsa de mi habitación y salí a sentarme en el banco cercano al aparcamiento arenoso. Sabía que Rachael asomaría en cualquier momento, y me entró cierto pánico. Tenía que despedirme de Simeón como fuera.

Dejé la bolsa y fui hasta la escalinata que bajaba al lago Michigan. A lo lejos divisé una figura humana y bajé las escaleras gritando: «¡Simeón, Simeón!». Se paró y se volvió hacia mí, que llegaba a la carrera.

Nos quedamos uno frente a otro y nos dimos un abrazo de despedida.

—No sé cómo agradecerte esta semana, Simeón —murmuré azarado—. He aprendido tantas cosas importantes… Espero ser capaz de poner en práctica algo de lo que he aprendido cuando vuelva a casa.

El profesor me dijo mirándome a los ojos:

—Hace mucho tiempo, un hombre llamado Siro dijo que de nada vale haber aprendido bien algo si no se hace bien. Lo harás bien, John, estoy seguro.

Sus ojos me comunicaban que *sabía* que yo lo haría bien, y aquello me dio esperanzas.

—Pero ¿por dónde empiezo, Simeón?

—Empiezas con una elección.

Subí lentamente los 243 escalones y me senté de nuevo en el banco, junto a mi bolsa, a esperar a Rachael. Acababa de salir el último coche y los jardines del monasterio se habían quedado desiertos y silenciosos. Yo escuchaba crujir las hojas secas arrastradas por el cálido viento de otoño que soplaba desde el lago. Pronto me quedé abismado en mis pensamientos.

No sé cuánto tiempo pasó antes de que el lejano sonido de un coche que se acercaba me hiciera volver a la realidad. Pude ver la nube de polvo que arrastraba nuestro Mercury Mountaineer blanco mientras subía lentamente por la pista y giraba en la arena del aparcamiento.

Me levanté lentamente y se me llenaron los ojos de lágrimas al mirar por última vez el lago Michigan. En mi fuero interno hice un propósito.

Oí el golpe de la puerta de la furgoneta y me di la vuelta para ver a una radiante Rachael corriendo hacia mí. En aquel momento me pareció más hermosa que nunca.

Se echó en mis brazos y la mantuve abrazada hasta que ella deshizo el abrazo.

—¡Qué sorpresa! —bromeó—. ¡No recordaba cuándo fue la última vez que te solté yo primero! Me ha encantado.

—Pues es sólo el primer paso de un nuevo viaje —le contesté con orgullo.